日本の大学発ベンチャー

転換点を迎えた産官学のイノベーション

桐畑哲也

［著］

京都大学学術出版会

日本の大学発ベンチャー
―転換点を迎えた産官学のイノベーション―

桐畑　哲也

目　次

序　章　日本の大学発ベンチャーにみる現状と課題 ──────── 1
　　1　大学発ベンチャーへの期待と現実　1
　　2　転換点を迎えた日本の大学発ベンチャー―本書の目的―　3
　　3　本書の構成　5
　　4　日本の大学発ベンチャーにみる現状と課題―章括―　6

第1章　大学発ベンチャーと外部資源 ─────────────── 9
　　1　大学発ベンチャーとは何か？　9
　　(1) 多様な大学発ベンチャーの定義　9
　　(2) 大学知財事業化の有力手法としての大学発ベンチャー　12
　　2　外部資源―大学発ベンチャー成長の源泉―　13
　　(1) 関係ネットワーク資産　13
　　(2) 起業環境　14
　　(3) 大学発ベンチャーの起業環境　17
　　3　大学発ベンチャーと外部資源―章括―　18

第2章　大学発ベンチャーの特徴と意義 ────────────── 21
　　1　大学発ベンチャーの特徴　21
　　(1) 大学発ベンチャーの潜在性　21
　　(2) 大学発ベンチャーの不確実性　24
　　2　大学発ベンチャーの意義　28
　　(1) 日本の科学技術イノベーションシステム　29
　　(2) 日本の科学技術イノベーションシステムにおける意義　32
　　3　大学発ベンチャーの特徴と意義―章括―　36

第 3 章　日米欧の大学発ベンチャーと育成施策 ―――――― 37

　　1　アメリカの急成長大学発ベンチャー　　37
　　2　ヨーロッパの大学発ベンチャー　　42
　　3　日本の大学発ベンチャー　　44
　　4　経済，地域振興施策としての大学発ベンチャー　　48
　　5　日米欧の大学発ベンチャーと育成施策―章括―　　54

第 4 章　転換点を迎えた日本の大学発ベンチャー ―――――― 57

　　1　"成長の壁"に直面する日本の大学発ベンチャー　　57
　　2　日本の大学発ベンチャーの経営課題　　63
　　（1）大学発ベンチャーの経営課題　　63
　　（2）質問票調査からみた日英の経営課題認識　　65
　　3　転換点を迎えた日本の大学発ベンチャー―章括―　　69

第 5 章　日本の大学発ベンチャーにおける顧客，資金，人材
―――――― 71

　　1　顧客・販路　　72
　　（1）市場・顧客　　72
　　（2）市場・顧客調査の実施時期　　74
　　2　資金調達　　76
　　（1）資金調達の困難な時期　　76
　　（2）株式公開による資金調達　　76
　　3　人材　　77
　　（1）経営陣の外部登用　　77
　　（2）経営陣のビジネス経験　　78
　　4　日本の大学発ベンチャーにおける顧客，資金，人材―章括―　　79
　　（1）顧客・販路　　80
　　（2）資金調達　　80
　　（3）人材　　81

第6章　経営課題としての顧客，資金，人材 ── 83

1　特有のキャズム現象―顧客・販路―　83
2　特有のデスバレー現象―資金調達―　86
　(1) 大学発ベンチャーの資金調達：投資家とデスバレー現象　87
　(2) 特有のデスバレー現象　93
3　相互補完的経営陣―人材―　95
　(1) 経営陣の相互補完　95
　(2) 補完性の弱い経営陣　98
4　経営課題としての顧客，資金，人材―章括―　100
　(1) 顧客・販路　100
　(2) 資金調達　101
　(3) 人材　101

第7章　日本の大学発ベンチャーにおける外部資源連携 ── 103

1　信頼関係・緊密度　103
　(1) 信頼関係　104
　(2) 緊密度　104
2　知識獲得　106
　(1) 技術知識獲得　106
　(2) 市場・顧客知識獲得　106
　(3) 事業計画策定における知識獲得　107
3　ネットワーク獲得　108
　(1) 顧客　109
　(2) 人脈獲得　109
　(3) 経営人材獲得　110
4　資金調達　113
5　投資家からの知識・ネットワーク獲得　114
6　日本の大学発ベンチャーにおける外部資源連携―章括―　116
　(1) 信頼関係・緊密度　116
　(2) 知識獲得　116
　(3) ネットワーク獲得　117
　(4) 資金調達　117

（5）投資家からの知識・ネットワーク獲得　　117
　　（6）外部資源連携における論点　　117

第8章　経営課題としての外部資源連携 ──── 119
　1　ソーシャルキャピタル及び知識獲得　　119
　　（1）ソーシャルキャピタル　　119
　　（2）知識獲得　　121
　2　知識・ネットワーク獲得　　122
　　（1）外部資源による知識・ネットワーク提供機能　　122
　　（2）大学依存　　124
　3　資金調達　　127
　　（1）情報の非対称性問題　　128
　　（2）外部資源による投資家紹介機能　　129
　　（3）発展途上の投資家関係，紹介ネット構築　　130
　4　人材獲得　　134
　　（1）外部資源による経営人材紹介機能　　135
　　（2）個人的ネットワーク依存　　136
　5　経営課題としての外部資源連携―章括―　　137
　　（1）知識・ネットワーク獲得　　137
　　（2）資金調達　　138
　　（3）人材獲得　　140

終　章　大学発ベンチャー"成長の壁"克服に向けて ──── 141
　1　大学発ベンチャー"成長の壁"克服に向けて―本書のまとめ―　　141
　2　ハイリスク，ハイリターン世界のプロフェッショナル　　151

参考文献　　155

あとがき　　173

索　引　　176

序　章

日本の大学発ベンチャーにみる現状と課題

1 大学発ベンチャーへの期待と現実

　日本経済は，戦後，急速な発展を遂げ，自動車，電機などの産業にはグローバル企業にまで成長した"元"ハイテクベンチャーが数多く存在する。ソニー，ホンダ，京セラなどは，その代表格であろう。一方で，1980年代以降の新しい科学技術領域であるIT，インターネット，バイオテクノロジーなどの分野においては，グローバルなレベルで活躍するまでに成長したハイテクベンチャーは，ほとんど見られない。こうした新興の先端科学技術をベースとする産業分野では，1980年代以降に誕生したアメリカのハイテクベンチャーが，世界市場の主役となっている。マイクロソフト（Microsoft），グーグル（Google），アムジェン（Amgen）などである。

　将来の有望科学技術領域，たとえば，環境，エネルギー，ナノテクノロジーなどで，世界市場の主役企業を，他の国が占め続けることになれば，次第に，日本経済の基盤自体が脆弱にならざるを得ない。したがって，次世代を担う先端科学技術について，学術研究だけにとどめず，事業化，産業化し，日本経済を持続可能な発展軌道へと貢献させることが必要であろう。

　しかしながら，こうした先端科学技術の事業化は，研究開発の初期投資が大きく，広範囲に及ぶ最終製品，市場環境の変化が激しいなど，事業としての高い不確実性が存在する（桐畑編，2005）。こうした先端科学技術特有の不確実性を克服し，先端技術を事業化する有力なプレイヤーの1つとして，大学発ベンチャーが存在する。

　大学発ベンチャーは，革新的，かつ，汎用的な基礎研究段階の大学の知的

財産[1]をベースに，革新的な製品・サービスを事業とし，新規市場の開拓を目指すベンチャーとして，高い潜在性を有する。

大学発ベンチャーが基盤とする革新的，かつ，汎用的な基礎研究段階の大学の知的財産は，既存の企業が，その不確実性ゆえに，事業として手を出しにくい領域である。既存企業がその不確実性ゆえに敬遠し，埋もれる可能性のある大学の知的財産をベースに，革新的な製品・サービスを事業とし，新規市場の開拓を目指すことは，国全体における学術研究の事業化，産業化との観点からも，その意義は大きい。大学発ベンチャーは，ハイリスクだが，ハイリターンの可能性のある革新的な製品・サービス事業化の担い手として，不可欠なプレイヤーといえよう。

アメリカに目を転じてみよう。ジェネンテック（Genentech），バイオジェン（Biogen），シリコングラフィックス（Silicon Graphics），シスコシステムズ（Cisco Systems），グーグル，それに，アムジェン。これらは，すべて，世界的な企業に急成長を遂げたアメリカの大学発ベンチャーである。アメリカの大学発ベンチャーは，1980年から1999年にかけて，335億ドルの経済的付加価値を創出し，1社当たり約1000万ドルの経済的価値を生んだ他，28万人の雇用を創出したとされる（Shane, 2004）。

急成長大学発ベンチャーの出現の背景には，先端科学技術をベースとした事業における製品・サービスのライフサイクルの短縮化，事業化におけるスピードの重要性の増加，さらには，バイオテクノロジー分野に見られる科学と製品開発の緊密化などにより，研究開発の当事者たる大学の教員，研究者が，自らの研究をもとに事業化に参画する事業モデル，すなわち，大学発ベンチャーの有効性が高まっていることがある（近藤，2002）。世界的な企業にまで急成長を遂げたアメリカの大学発ベンチャーの出現が，こうした先端科学技術をベースとした事業における環境の激変を浮き彫りにしたといえる。

---

[1] 知的財産とは，知的財産基本法（平成14年法律第122号）第二条によると「発明，考案，植物の新品種，意匠，著作物，その他の人間の創造的活動により生み出されるもの（発見又は解明がされた自然の法則又は現象であって，産業上の利用可能性があるものを含む），商標，商号，その他事業活動に用いられる商品又は役務を表示するもの，及び，営業秘密その他の事業活動に有用な技術上又は営業上の情報」と定義されている。すなわち，(1) 人間の創造的活動により生み出されるもので，(2) 事業活動に有用な技術上又は営業上の情報ということができる。

アメリカの成功を目のあたりにした日本，及び，ヨーロッパの主要国において，1990年代以降，大学の研究開発成果である先端科学技術の事業化，商業化の有力な手法として，大学発ベンチャーや産学連携施策の推進，さらには，大学を中核とした地域振興施策が進められた。

日本においては，1990年代後半以降，大学発ベンチャーの輩出が進展した。1990年には，30数社程度であったものが，2008年には，1800社を超えた（株式会社日本経済研究所編，2009）。2001年から3年間で，大学発ベンチャーを1000社創出しようという「平沼プラン」などの政策的な後押しが，その背景にある。日本経済が，再び活性化し，輝きを取り戻すためには，大学発ベンチャーは，不可欠なプレイヤーであるとの認識が，政策的な後押しの背景にあった。ただ，残念ながらアメリカの成功事例と裏腹に，日本においては，大学発ベンチャー育成施策は，十分に政策的目的を達していない。

なぜか。本書の目的は，まさにこの点の分析にある。

2 転換点を迎えた日本の大学発ベンチャー―本書の目的―

政府をはじめとした大学発ベンチャーへの期待と裏腹に，日本の大学発ベンチャーは，2000年代後半に入り，転換点を迎えている。大学発ベンチャーの倒産，廃業が増加し，その数は，新規設立数を上回りつつある。また，年毎の推移を見ると，株式公開に成功する大学発ベンチャーの数は，頭打ち，減少傾向にある。さらに，株式公開を果たした大学発ベンチャーにおいても，株式公開直後の株価を大きく下回る企業が相次ぐ。アメリカの急成長大学発ベンチャーのようなグローバル企業にまで成長する大学発ベンチャーは，ほとんど見られない。大学発ベンチャー創業活動の活発化，すなわち，大学発ベンチャーの設立数の増加という点では，政策的な目的は達したが，その後の成長，発展という視点で見ると，日本の大学発ベンチャーは"成長の壁"に直面し，転換点を迎えている。

日本の大学発ベンチャーが，現状の"成長の壁"を克服し，アメリカのような急成長大学発ベンチャーが輩出されるためには，何が必要であろうか。

大学発ベンチャーには，いわば，"明"と"暗"がある。"明"としては革新的，かつ，汎用的な基礎研究段階の大学の知的財産をベースに，革新的な製品・サービスを事業とし，新規市場の開拓を目指すベンチャーとして，高い潜在性をもつ。その一方，"暗"としては，経営資源の制約，高いイノベーションリスク[2]，ファイナンシャルリスクを抱えるなど，高い不確実性を有する。日本の大学発ベンチャーは，こうした"明"の側面を生かす一方，"暗"の側面を十分克服できていないといえる。

　急成長した大学発ベンチャーを数多く創出したアメリカの成功事例においては，企業の外部にあって，大学発ベンチャーの成長に資する経営上の資源，すなわち，外部資源（External Resources）が，大学発ベンチャーにとっての社外の有用なネットワーク，すなわち，社外の理解者，支援者，メンターとして，大学発ベンチャーの"明"の側面を生かすと共に，"暗"の側面を補い，その急成長に貢献している。本書は，外部資源の内，特に，大学発ベンチャーの成長に寄与する可能性を有する主要な外部資源として，大学，ベンチャーキャピタリスト，エンジェル投資家など，投資家，さらに，弁護士・法律事務所，弁理士・特許事務所，公認会計士・会計事務所などに着目している[3]。

　本書は，日本，イギリス，アメリカの大学発ベンチャー，及び，関係機関などへのヒヤリング，質問票調査などをもとに，まず，日本の大学発ベンチャーにおける，"成長の壁"，すなわち，その経営課題としての「顧客・販路」「資金調達」「人材」，さらには，「外部資源連携」について，その現状と課題を論じる。その上で，その背景分析を行うと共に，日本の大学発ベンチャーへの含意を提示する。

---

2)　イノベーションについて，Christensen (1997) は，「技術とは，組織が労働力，原材料，情報をより付加価値の高い製品やサービスに転換するプロセスを言う。（中略）イノベーションとはこれらの技術を変革することを言う」(Christensen, 1997: 13) と述べ，エンジニアリングや製造に留まらず，付加価値の高い製品やサービスに転換するプロセスにおける変革が，イノベーションであると指摘する。

3)　Bygrave and Zacharakis ed. (2007) は，ベンチャーにアドバイスなどの支援を行い，ベンチャーの成長に寄与する個人，組織を，ベンチャーのバーチャル経営陣と呼んだ上で，経営資源の限られたベンチャー経営における重要性を指摘している。

3 本書の構成

本書の構成は，以下の通りである。

第1章では，大学発ベンチャー，外部資源に関する先行研究を概観した上で，本書における大学発ベンチャー，外部資源の理解，着目点について述べる。

第2章では，大学発ベンチャーの特徴である，その潜在性，及び，不確実性について，先行研究をもとに論じた上で，日本の科学技術イノベーションシステムにおける大学発ベンチャーの意義について述べる。

第3章では，アメリカ，ヨーロッパ，日本の大学発ベンチャーの現状とその育成施策について論じる。

その上で，第4章では，転換点を迎えた日本の大学発ベンチャーの現状について概観した上で，日本，及び，イギリスの大学発ベンチャーを対象とした質問票調査をもとに，日本の大学発ベンチャーが抱える主要な経営課題として，「顧客・販路」「資金調達」「人材」の存在を指摘する。

第5章以降では，"成長の壁"に直面する日本の大学発ベンチャーの主要な経営課題について論じる。第5章では，日本の大学発ベンチャーにおける経営課題認識の上位「顧客・販路」「資金調達」「人材」の3つに着目した上で，日本，及び，イギリス，アメリカの大学発ベンチャーに対する質問票調査結果を示す。「顧客・販路」については，「市場・顧客」及び「市場・顧客調査の実施時期」の現況，「資金調達」については，「資金調達の困難な時期」及び「株式公開による資金調達の意向」の現況，「人材」については，「経営陣の外部採用」及び「経営陣のビジネス経験」の現況について示す。

第6章では，第5章の質問票調査結果に加えて，先行研究，日本，イギリス，アメリカの大学発ベンチャー，関係機関に対するヒアリング調査から，経営課題としての「顧客・販路」「資金調達」「人材」の背景分析，及び，日本の大学発ベンチャーへの含意について論じる。

第7章，第8章では，日本の大学発ベンチャーにおける経営課題としての外部資源連携に着目し，その背景分析，及び，日本の大学発ベンチャーへの

含意について論じる．第7章では，日本の大学発ベンチャーにおける外部資源連携の現状と課題について，日本の大学発ベンチャーを基礎に，一部，イギリスの大学発ベンチャーに対する質問票調査を交えて，その結果を示す．すなわち，主要な外部資源との信頼関係・緊密度，外部資源からの知識，ネットワーク，資金の獲得，さらには，外部資源の内，投資家としてのベンチャーキャピタリストとの連携による知識，ネットワーク獲得に関する質問票調査結果を示す．

第8章では，外部資源との連携について，知識・ネットワーク獲得，資金調達，人材獲得に着目し，その背景分析，及び，日本の大学発ベンチャーへの含意を述べる．

終章では，これまでの各章を総括した上で，日本の大学発ベンチャーが，現状の"成長の壁"を克服し，日本の科学技術イノベーションシステムの一翼を担う存在となるためには，何が必要かについて論じる．

4 日本の大学発ベンチャーにみる現状と課題—章括—

日本経済は，戦後，急速な発展を遂げ，自動車，電機などの産業には，グローバル企業にまで成長した"元"ハイテクベンチャーが数多く存在する．その一方で，1980年代以降の新しい科学技術領域であるIT，インターネット，バイオテクノロジーなどの分野における産業においては，グローバルなレベルで活躍するまでに成長したハイテクベンチャーは，ほとんど見られない．

今後の有望な科学技術領域，たとえば，環境，エネルギー，ナノテクノロジーなどで，世界市場の主役企業を他の国が占め続けることになれば，次第に，日本経済の基盤自体が脆弱にならざるを得ない．したがって，次世代を担う科学技術について，学術研究だけにとどまらず，事業化，産業化し，日本経済を持続可能な発展軌道へと貢献させることが必要であろう．

しかしながら，こうした先端科学技術の事業化は，研究開発の初期投資が大きく，広範囲に及ぶ最終製品，市場環境の変化が激しいなど，事業として

の高い不確実性が存在する（桐畑編，2005）。こうした先端科学技術特有の不確実性を克服し，先端技術を事業化する有効なプレイヤーの1つとして，大学発ベンチャーを指摘することが出来る。

　大学発ベンチャーの特徴は，革新的，かつ，汎用的な基礎研究段階の大学の知的財産をベースに，革新的な製品・サービスを事業とする点にあり，新規市場の開拓を目指すベンチャーとして，高い潜在性を有する。革新的，かつ，汎用的な基礎研究段階の大学の知的財産は，既存の企業が，その不確実性ゆえに，事業として手を出しにくい領域である。既存企業がその不確実性ゆえに敬遠し，埋もれる可能性のある大学の知的財産をベースに，革新的な製品・サービスを事業とし，新規市場の開拓を目指すということは，国全体における学術研究の事業化，産業化との観点から，その意義は大きい。大学発ベンチャーは，日本の科学技術イノベーションシステムの弱点としてのハイリスクだが，ハイリターンの可能性のある革新的な製品・サービス事業化の担い手として，不可欠なプレイヤーといえる。

　日本においては，1990年代後半以降，大学発ベンチャーの輩出が進展した。1990年には，30数社程度であったものが，2008年には，1800社を超えた（株式会社日本経済研究所編，2009）。「平沼プラン」などの政策的な後押しが，その背景にある。日本経済が再び活性化し，輝きを取り戻すためには，大学発ベンチャーは，不可欠なプレイヤーであるとの認識が，政策的な後押しの背景にあった。

　しかし，政府をはじめとした大学発ベンチャーへの期待と裏腹に，日本の大学発ベンチャーは，2000年代後半に入り，転換点を迎えている。大学発ベンチャーの倒産，廃業が増加し，その数は，新規設立数を上回りつつある。また，年毎の推移を見ると，株式公開に成功する大学発ベンチャーの数は，頭打ち，減少傾向にある。さらに，株式公開を果たした大学発ベンチャーにおいても，株式公開直後の株価を大きく下回る企業が相次ぐ。アメリカの急成長大学発ベンチャーのようなグローバル企業にまで成長する大学発ベンチャーは，ほとんど見られない。大学発ベンチャー創業活動の活発化，すなわち，大学発ベンチャーの設立数の増加という点では，政策的な目的は達したが，その後の大学発ベンチャーの成長，発展という視点で見ると，日本の

大学発ベンチャーは"成長の壁"に直面し，大きな転換点を迎えている。

　日本の大学発ベンチャーが，現状の"成長の壁"を克服し，アメリカのような急成長大学発ベンチャーが輩出されるためには，何が必要であろうか。急成長した大学発ベンチャーを数多く創出したアメリカの成功事例においては，企業の外部にあって，大学発ベンチャーの成長に資する経営上の資源，すなわち，外部資源が，大学発ベンチャーにとっての社外の有用なネットワーク，すなわち，社外の理解者，支援者，メンターとして，大学発ベンチャーの"暗"の側面を補い，その急成長に貢献している。本書は，外部資源の内，特に，大学発ベンチャーの成長に寄与する可能性を有する主要な外部資源として，大学，ベンチャーキャピタリスト，エンジェル投資家など，投資家，さらに，弁護士，法律事務所，弁理士，特許事務所，公認会計士，会計事務所などに着目している。

　本書は，日本，イギリス，アメリカの大学発ベンチャー，及び，関係機関などへのヒヤリング，質問票調査などをもとに，まず，日本の大学発ベンチャーにおける，"成長の壁"，すなわち，その経営課題としての「顧客・販路」「資金調達」「人材」，さらには，「外部資源連携」について，その現状と課題を論じる。その上で，その背景分析を行うと共に，日本の大学発ベンチャーへの含意を提示する。

第1章

大学発ベンチャーと外部資源

> 本章では，本書における大学発ベンチャーの理解を述べた上で，大学発ベンチャーの成長の源泉としての外部資源の可能性について論じる。

1 大学発ベンチャーとは何か？

(1) 多様な大学発ベンチャーの定義

　大学発ベンチャーに関する学術的研究は，アントレプレナーシップ研究の一領域として，1990年初めからみられるようになり，21世紀に入って進展している新しい研究領域である。Djokovic and Souitaris (2006) は，大学発ベンチャーに関する先行研究のサーベイをもとに，大学発ベンチャーに関する学術研究について，大きく三つの視点に分類している。

　それによると，第1に，マクロレベルの視点であり，主要なアプローチとしては，「大学発ベンチャーのスピンアウトプロセスにおける政府や産業の支援メカニズム」「技術，マーケットドリブンな事業化，商業化の諸課題」などを指摘している。第2に，メゾレベルの視点であり，主要なアプローチとして，「インキュベータや技術移転機関などの大学による大学発ベンチャー支援メカニズム」「スピンアウト活動に至る大学の諸要因」「大学の技術移転メカニズム」などを指摘している。第3としては，ミクロレベルの視点であり，主要なアプローチとして，「スピンアウトプロセスにおける創業者，及

び，創業チームの役割」「大学とインダストリーとのネットワーク」「大学発ベンチャーの業績」などを指摘している。ただ，大学発ベンチャーを対象とした先行研究において，大学発ベンチャーの定義は，一定ではない。以下では，先行研究における大学発ベンチャーの定義について概観した後，本書における大学発ベンチャーの理解を述べる。

　大学発ベンチャーの定義を巡っては，実に，様々な定義が存在する。まず，経済産業省は，次のように分類，定義している。「1. 大学や大学関係者，学生が保有する特許を基に起業」，「2. 特許以外の技術，ビジネス手法を基に起業」，「3. その他」，すなわち，「3-1. 創業者の持つノウハウを事業化するために，設立から5年程度以内に大学と共同研究」，「3-2. 既存の事業を維持，発展させるために，設立から5年程度以内に大学と共同研究等，または，技術移転」，「3-3. 設立から5年程度以内に大学関連のインキュベーション施設等に入居し，大学から種々の支援」，「3-4. 大学で学んだ内容を基に創業」，「3-5. 大学でベンチャービジネス論等を学び，その一環として事業計画書を作成し起業を決意」，「3-6. 大学の技術を移転する事業や，大学の技術やノウハウを事業化するための資金を提供する等，大学発ベンチャーを生み出すための事業」，「3-7. 取引先や売上の大半を，創業者の出身大学や大学の人脈による紹介に依存」との分類，定義であり（経済産業省編，2005），大学発ベンチャーについて，経営資源の基本要素であるヒト（人材），モノ（技術），カネ（資金）のいずれかが，大学から何らかの形で供給されたベンチャー企業を，大学発ベンチャーと定義する，広義の定義を採用している。

　近藤（2002）は，大学発ベンチャーについて，「大学の教員や技術系職員又は学生がベンチャー企業の創立者になるか創立に深く関与した場合（人材移転型）」「大学における研究成果又は大学で習得した技術に基づいて起業された場合（技術移転型）」「大学や関連のTLO（技術移転機関）がベンチャー企業創立に際して出資又は出資の斡旋をした場合（出資型）」の3つのタイプを指摘する。

　筑波大学産学先端学際領域研究センター編（2001）は，近藤（2002）とほぼ同様の定義だが，「大学等の教員や技術系職員，学生等がベンチャー企業の設立者となったり，その設立に深く関与したりした起業。ただし，教員等

の退職や学生の卒業等からベンチャー企業設立まで他の職に就かなかった場合または退職や卒業等から起業までの期間が1年以内の事例に限る（人材移転型）」「大学等で達成された研究成果または習得した技術等に基づいて起業（特許以外による技術移転（または研究成果活用）型）」「大学等やTLOがベンチャー企業の設立に際して出資または出資の斡旋をした場合（出資型）」の3つと，特許を別に切り出した「大学等または大学等の教員が所有する特許を基に起業（特許による技術移転型）」を加えた4つの定義を指摘している。これらは，基本的な経営資源のヒト，モノ，カネいずれかにおいて，大学と何らかの関係を有するベンチャーを大学発ベンチャーと定義している。

第2に，基本的な経営資源におけるカネ以外のヒト，モノに絞って，大学発ベンチャーを定義する先行研究がある。Smilor, Gibson and Dietrich（1990）は，大学発ベンチャーの定義について，創業者が，大学教員か，職員，学生で，大学発ベンチャーを設立するために大学を去ったか，または，大学に在籍のまま設立したケースで，かつ，又は，大学内で技術，技術ベースのアイディアをベースとした企業と指摘し，ヒト，モノにフォーカスした定義を提示している。ヒト，モノを重視した定義は，この他にも見られる（Nicolaou and Birley, 2003, Steffensen, Rogers and Speakman, 1999 他）。

第3に，大学とベンチャーとの関係について，ヒトに絞って定義する先行研究がある。Robert（1991）は，大学の教員，学生などの関係者が創業者として関与している点を重視し，大学と当該ベンチャーの人的関与，すなわちヒトをベースとして，大学発ベンチャーを定義している。

最後，モノに絞って，大学発ベンチャーを定義する先行研究である。Wright, Clarysse, Mustar and Lockett（2007）は，大学発ベンチャーについて，「学術機関から生み出された知的財産のライセンシング，及び，譲渡に依存するニューベンチャー（Wright, Clarysse, Mustar and Lockett, 2007: 4-5）」と定義している他，Shane（2004）も，「大学で研究開発された何らかの知的財産を基盤として創業された新規企業（Shane, 2004: 4）」と定義し，モノにフォーカスした定義を提示している。Wright, Clarysse, Mustar and Lockett（2007），及び，Shane（2004）の指摘する知的財産とは，法律などによって保護された知的財産権を基盤として起業した企業を念頭としており，技術，特に知的財産権

に限定的な定義を指摘している。大学発ベンチャーについて，モノに着目する，すなわち大学の技術をベースとした企業とする定義は，この他にもある (Charles and Conway, 2001; 山田，2006；新藤，2005 他)。

(2) 大学知財事業化の有力手法としての大学発ベンチャー

本書においては，大学発ベンチャーについて，「大学で研究開発された知的財産を事業化する目的で設立されたベンチャー」と，モノ，すなわち，大学との技術面での関係を重視して，大学発ベンチャーを理解する。

では，なぜ，本書では，モノ，すなわち，技術面における大学との関係を，大学発ベンチャーの基礎としたのか。まず，本書においては，大学の知的財産の事業化，商業化の1つの有力手法である大学発ベンチャーとの側面を重視した。すなわち，大学の有する知的財産の社会還元の意義 (Jensen and Thursby, 2001) を高く評価し，大学と大学発ベンチャーとの関係におけるヒト，カネ以上に，モノ，すなわち，技術，知的財産に焦点を当てている。

また，大学と大学発ベンチャーとの関係において，モノに焦点を当てることで，一般的なベンチャー，或いは，ハイテクスタートアップスと区別し，対象を明確化することが容易であり，当該大学発ベンチャーへの，より有用性の高い含意を提供することが可能である。

まず，ヒトのケースについて考える。大学の研究者で，かつ，自らが従事する研究とは，全く関連のない，例えば，親族の経営する企業の取締役であった場合は，この企業は，大学発ベンチャーというべきであろうか。また，理系の大学教員で，中小企業の技術顧問などを引き受けるケースがみられるが，大学からの技術移転の有無を考慮に入れず，これらをすべて大学発ベンチャーとみなした場合，ハイテクスタートアップスや，一般的なベンチャーとの区別は難しい[1]。

---

1) 清成，中村，平尾 (1971) は，ベンチャービジネスについて，「研究開発集約的，又デザイン開発集約的な能力発揮型の創造的新規開発企業」と定義している。松田 (1998) は，ベンチャー企業について「成長意欲の強い起業家に率いられたリスクを恐れない若い企業で，製品や商品の独自性，事業の独立性，社会性，さらに国際性を持った何らかに新規性のある企業」と定義している。Bygrave and Zacharakis ed. (2007) は，起業家について，事業機会に気付き，その機

また，カネのケースについても，同様の状況が存在する。大学が，純粋な投資目的で，非上場の中小企業に投資している場合，この投資を受け入れた中小企業は，大学発ベンチャーと考えるべきであろうか。やはりここでも，大学からの技術移転の有無を考慮に入れず，資金面での大学と企業との関連のみで，大学発ベンチャーを定義することは，ハイテクスタートアップスや，一般的なベンチャーとの区別が困難となるであろう。

　このため，本書では，大学発ベンチャーを，Wright, Clarysse, Mustar and Lockett (2007)，Shane (2004)，Charles and Conway (2001)，山田 (2006)，新藤 (2005) などと同様にモノ，すなわち，技術面における大学との関係を，大学発ベンチャーの理解において重視している。

2　外部資源―大学発ベンチャー成長の源泉―

　大学発ベンチャーにとって有用な外部資源 (External Resources) とは，いかなるものか。以下では，企業の競争優位における関係ネットワーク資産，ハイテクスタートアップス，大学発ベンチャーなど，新規設立企業の成長における，起業環境の影響などに関する先行研究を概観した上で，外部資源に関する本書における理解，着目点について述べる。

(1) 関係ネットワーク資産

　Dyer and Singh (1998) は，競争優位の源泉についての研究アプローチとして，産業構造アプローチと，資源ベースアプローチという 2 つのアプローチを挙げて，それぞれの有用性を評価した上で，これら 2 つのアプローチでは，不十分であると述べる。

　Dyer and Singh (1998) によると，産業構造アプローチとは，Porter (1980) により指摘されたアプローチで，自社が所属する業界の魅力度，自社の業

会を追求する組織を作る人物と定義している。

界内での競争的地位が，企業の潜在的な収益性を決定するとして，競争業者，売り手，買い手，新規参入業者，代替品という5つの競争要因モデルを提唱した。一方，資源ベースアプローチの嚆矢は，Penrose (1959) に遡ることができる。Penrose (1959) によると，企業は，利用される資源のプール，及び，束であり，企業の成長は，企業内部の未利用の経営的サービスの利用の結果として生じる。この資源の束は，企業固有の条件によって形成されるものであることから，各企業で異なるものであり (Penrose, 1959)，こうした企業の資源の束の異質性が，企業の業績を左右する視点である (Barney, 1991; Rumelt, 1991; Barney, 2001)。Barney (1991) は，「持続的競争優位の資源は，価値があり，希少であり，模倣が難しく，代替不可能な企業資源である」(Barney, 1991: 116) と述べ，企業の持続的競争優位の確立における資源ベースアプローチの有用性を指摘している。

これに対して，Dyer and Singh (1998) は，企業の競争優位の理解においては，企業と4つの組織間競争優位の潜在的な資源，すなわち，(1) 関係スペシフィックな資産，(2) 知識共有ルーティン，(3) 補完的資源／能力，(4) 有効なガバナンスが，重要であると述べると共に，個々の企業の競争優位は，その企業の埋め込まれた関係ネットワークの競争優位としばしば関係があると指摘している。

ベンチャーにおけるネットワークの意義について，Birley (1985) は，ネットワークとのインタラクションは，ニュービジネスにおける適切な情報収集，外部のサポート，及び，サービスの発見，社内で獲得不可能な外部資源へのアクセス，ビジネスアドバイスの獲得において，ニュービジネスの成長を促進すると指摘する。この他，ベンチャー企業におけるネットワークの有効性については，起業機会などの情報獲得 (Burt, 1992; Burt, 2002)，関係者による建設的な関与 (Stuart, Hoang and Hybels, 1999) などが指摘される。

(2) 起業環境

「地域経済発展においてシリコンバレーより成功し，有名な事例をイメージすることは難しい (Cohen and Fields, 1999: 108)」と指摘されるように，大

学発ベンチャー,ハイテクスタートアップスなど,新規設立企業に適した起業環境として,アメリカ,シリコンバレーを筆頭に挙げることができよう。アメリカでは,シリコンバレーの起業家を取り巻く環境は,ベンチャー企業の創業,ハイテク産業創出の手本とされている。実際,ベンチャーの創業と集積を通じたハイテク産業の創出による同地域の成長を,全米に普及させることを目的としたCloning Silicon Valley政策が,アメリカ全土で実施されるなど(西澤,2005),シリコンバレーを範とした育成施策が活発である。

Saxenian (1994) は,シリコンバレーとルート128との比較研究によって,ルート128は少数の比較的独立性の高い集権的な企業が垂直統合を行っている自己完結型企業であるのに対して,シリコンバレーは,企業間のネットワークを中心に大学,業界団体などの地域組織を包含したネットワーク型の地域産業システムとなっており,地域全体が市場や技術の変化に適応できるシステムとなっていると指摘している。

その上で,Saxenian (1994) は,地域産業分析フレームワークとして,「地域の組織や文化」「産業構造」「企業の内部構造」の3つの側面からなる概念を提示した。Saxenian (1994) によると,「地域の組織や文化」とは,「大学,業界団体,地方行政政府を初めとする官民の組織,趣味のサークルや専門職団体など多くの非公式グループ (Saxenian, 1994: 7)」である地域の組織,及び,この組織によって,地域社会を団結さえ労働市場や不確実性に対する態度に至るまで,あらゆるものを決定づける共通の習慣や慣習と述べている。また,「産業構造」とは「社会的分業がどの程度行われているのか,(中略)さらに特定の領域の顧客や供給業者や競争相手がどのような形でどの程度つながっているのか (Saxenian, 1994: 7)」,また,「企業の内部構造」とは「縦または横の調整がどの程度行われるのか,権限は集中しているか分散しているか,企業内の責任の配分や仕事の専門化はどうなっているのか (Saxenian, 1994: 7)」と述べた上で,「地域の組織や文化」「産業構造」「企業の内部構造」の3つの相互作用の重要性を指摘している。

清成 (1995) は,シリコンバレーの特徴について,「(1) 企業家セクターが中心である,(2) 社会的分業が深化し,専門企業のネットワークが地域に形成されている,(3) 専門企業における技術進歩が地域内で波及しやすく,イ

ノベーションが生じる，(4) 企業の競争と協調が活発であり，労働市場もオープンである，(5) エンジニアリング企業，リサーチ・ラボ，ベンチャーキャピタリストなど，創業のためのインフラが整っている，(6) 個別企業は自己完結的ではなく，外部の機能をフレキシブルに活用している (清成，1995：9)」と述べた上で，「シリコンバレーは，変化に対するクイックリスポンスを重視したプロダクト・イノベーションに適した地域産業システムを有している (清成，1995：9)」と指摘する。

Kenny and von Burg (2000) は，ベンチャーを取り巻く起業環境の内，ベンチャーの創造と成長を可能にするように進化したものを，制度的インフラとして，ベンチャー育成の重要な要因と指摘する。Kenny and von Burg (2000) は，新しい企業，産業を次々と創出する能力をシリコンバレーの特徴とし，こうしたメカニズムを解明するために，「第1の経済 (Economy One)」「第2の経済 (Economy Two)」という概念を提示した。「第1の経済は，民間企業であれば利益と成長を究極の目的とする既存組織 (Kenny and von Burg, 2000: 223)」から成り立っており，既存企業や大学，研究機関などを指す。また，「第2の経済は，新企業の創造と成長を可能にするように進化した制度的インフラである (Kenny and von Burg, 2000: 224)」と述べ，ベンチャーキャピタリスト，会計事務所，法律事務所，投資銀行などを例に，シリコンバレーのベンチャー成長における「第2の経済」の有用性を強調している[2]。

この内，シリコンバレーのベンチャーキャピタリストの機能について，Aoki (1999) は，コンピューターなど，ハイテクベンチャーを念頭にシリコンバレーのベンチャーキャピタリストとベンチャーとの情報，及び，ガバナンス面での有効な連携は，革新的なイノベーションを生みやすく，急激な環境変化にも適応しやすいと指摘している。Aoki (1999) によると，シリコンバレーにおいては，ベンチャーキャピタリストが，より有望な形で事業を発展させるかを確認するためのトーナメントをベンチャー間で行わせることに

---

[2] Kenny and Von Burg (2000) は，さらに，「キャピタルゲインが，第2の経済の燃料である。(中略) ほぼすべての専門サービス提供者が，いくらかの株式や「もし成功を収めて大きく成長するならばその企業と関係を続けるという暗黙の了解」と引き換えに，進んでスタートアップ企業に対して市場価格より低い価格を提供する (Kenny and Von Burg, 2000: 228)」と述べ，キャピタルゲインを媒介とした起業家と「第2の経済」との相互作用の重要性について指摘している。

より，ハイレベルの努力をベンチャーから引き出している。このトーナメントにあたって，ベンチャーキャピタリストは，地域のデファクトスタンダードの設定のために必要な情報をベンチャーに媒介する仲介者としての役割を果たしている。このベンチャーキャピタリストの媒介によって進化的な選択にさらされるベンチャー群は，革新的なイノベーションを生みやすく，急激な環境変化にも適応しやすいと論じている。

シリコンバレーのハイテクスタートアップスなど，ベンチャーを取り巻く外部環境における，Kenny and Von Burg (2000) の指摘する「第2の経済」の果たす役割に関する指摘は，その他にもある（今井監修，1998；Lee, Miller, Hancock and Rowen ed., 2000 他）。

(3) 大学発ベンチャーの起業環境

大学発ベンチャーを念頭とし，その起業環境について論じた先行研究として，Smilor, Gibson and Kozmetsky (1989) がある。Smilor, Gibson and Kozmetsky (1989) は，アメリカ，テキサス大学オースティン校の技術系の大学発ベンチャーを念頭に，テクノポリスの輪 (Technopolis Wheel) という概念を提示し，テクノポリス，すなわち，技術志向の地域クラスターの形成には，「大学（エンジニアリング，ビジネス，自然科学，リサーチセンター他）」「大企業（フォーチュン 500 企業，販売，R&D 拠点，従業員）」「新企業（ユニバーシティスピンオフ，大手企業スピンオフ他）」「連邦政府（防衛関連支出，研究補助金）」「州政府（各種プログラム，教育支援）」「地方自治体（インフラ，他地域と競争しうる地方税，生活の質）」「支援グループ（コミュニティ，商工会議所，ビジネス）」の 7 つの要素が不可欠であると指摘している。

Roberts and Malone (1996) は，アメリカにおける大学発ベンチャーが設立されるプロセスにおいて，大学の研究者としての「技術者」，外部から大学発ベンチャーの経営を担う創業期経営者としての「起業家」に加えて，「大学」「投資家」のあわせて 4 つの機能の有用性を指摘する。

大学発ベンチャーの成長における大学の役割について，Hsu and Bernstein (1997) は，教授，または，周囲のビジネスコミュニティにおけるアントレプ

レナーの存在は，大学発ベンチャー設立には決定的な要因であると述べ，大学におけるアントレプレナーシップへの取り組み，理解の重要性を指摘している。また，DiGregorio and Shane (2003) は，大学発ベンチャーを多く創出する大学は，大学の知名度が高く，研究者への特許ロイヤリティの配分比率が低く，民間からの研究費支援が多いなどの特徴を有し，大学発ベンチャー創出における大学の影響力を示唆している。

大学発ベンチャーの成長における投資家の役割について，Shane and Start (2002) は，大学発ベンチャーによって調達された資金の累計額が増えれば増える程，当該大学発ベンチャーが株式上場を達成する確率が高まり，失敗する確率を低下させる。また，買収や株式公開などの成果が得られる確率が高まる一方，調達額が低ければ，倒産，廃業といった望まざる結果に結びつく確率が高くなると指摘し，大学発ベンチャーの成長における「投資家」の重要性を指摘している (Shane and Stuart, 2002)。

大学，及び，投資家以外についても，ハイテクスタートアップス，大学発ベンチャーなど，新規設立企業の成長に寄与する外部資源として，弁護士・法律事務所，弁理士・特許事務所，公認会計士・会計事務所などの有用性 (Johnson, 2000; Atwell, 2000 他) が，先行研究において指摘される。

本書は，大学発ベンチャーの成長に寄与する可能性を有する外部資源として，特に，大学，ベンチャーキャピタリスト，エンジェル投資家などの投資家，さらに，弁護士・法律事務所，弁理士・特許事務所，公認会計士・会計事務所などに着目している。

3 大学発ベンチャーと外部資源―章括―

本章では，大学発ベンチャー，及び，外部資源について，先行研究を概観した上で，本書の理解，着目点を述べた。

本書においては，大学発ベンチャーについて，「大学で研究開発された知的財産を事業化する目的で設立されたベンチャー」と，モノ，すなわち，大学との技術面での関係を重視して，大学発ベンチャーを理解する。その理由

としては，まず，大学の知的財産の事業化，商業化の1つの有力手法としての大学発ベンチャーとの側面を重視した。すなわち，大学の有する知的財産の社会還元の意義を評価し，大学と大学発ベンチャーとの関係におけるヒト，カネ以上に，モノ，すなわち，技術，知的財産に焦点を当てた。また，一般的なベンチャー，或いは，ハイテクスタートアップスと区別し，対象を明確化することが容易であり，当該大学発ベンチャーへのより有用性の高い含意を提供することが可能であることも考慮している。

　外部資源については，企業の競争優位における関係ネットワーク資産，ハイテクスタートアップス，大学発ベンチャーなど，新規設立企業の成長における，起業環境の影響などに関する先行研究を概観した上で，本書は，大学発ベンチャーの成長に寄与する可能性を有する外部資源として，特に，大学，ベンチャーキャピタリスト，エンジェル投資家などの投資家，さらに，弁護士・法律事務所，弁理士・特許事務所，公認会計士・会計事務所などに着目することを述べた。

第2章

大学発ベンチャーの特徴と意義

> 大学発ベンチャーは，どのような特徴を有しているのであろうか。また，日本の科学技術イノベーションシステム全体から見た，大学発ベンチャーの意義は，何であろうか。本書では，まず，大学発ベンチャーの特徴としての潜在性と不確実性について，先行研究をもとに概観した上で，日本の科学技術イノベーションシステム全体から見た大学発ベンチャーの意義について論じる。

1 大学発ベンチャーの特徴

(1) 大学発ベンチャーの潜在性

大学発ベンチャーは，第1に，基礎研究段階の大学の知的財産の事業化を担う主体である。基礎研究，応用研究を問わず，大学の研究成果としての知的財産全体でみた場合，大学の知的財産の多くは，既存企業にライセンシングされるパーセンテージが高いが，基礎研究段階の知的財産に限ってみると，既存企業は，そのライセンシングには，あまり熱心ではないとされる（Jensen and Thursby, 2001）。

Hsu and Bernstein（1997）は，技術移転機関を対象とした事例研究をもとに，既存企業が関心を示さない，基礎研究段階の知的財産のライセンシングに貢献しているのが，大学発ベンチャーであると指摘する。すなわち，大学の研究成果の社会還元という点でみた場合，大学発ベンチャーは，既存企業が，あまり熱心ではないとされる基礎研究段階の知的財産の事業化を担うと

いう点で，社会的な意義を有する。

　第2に，大学発ベンチャーは，革新レベル，汎用レベル，権利レベルが高い知的財産の事業化を目指す主体である。Baum and Silverman (2003) は，ベンチャーキャピタリストは，優れた技術（及び関係）を『スカウト』するというのと，経営スキルを注ぎ込むことによって『コーチング』するということの，両方の論理の組み合わせによって，資金提供するハイテクスタートアップスを選ぶと指摘し (Baum and Silverman, 2003)，ベンチャーキャピタリストの投資の意思決定においては，知的財産が重要な要素であることをを示唆している。Shane (2004) は，大学で開発された知的財産が，ラディカルであり，暗黙知的であり，研究として萌芽的な段階で，汎用的であり，顧客にとって著しく価値が高く，技術の飛躍的進歩を体現し，知的財産によって強力に守られている場合に，既存企業へのライセンシングではなく，大学発ベンチャーが設立されやすいと指摘している。

　革新レベルとは，これまでの既存業界の製品を置き換えるような革新性を備えているか否かである。大学発ベンチャーの基盤とする知的財産としては，こうした革新性の高いものが望ましいとされる。なぜなら，革新的ではない知的財産については，既存企業において活用される方が，より事業化が容易であるからである。既存企業は，既に，製造設備，市場ノウハウ，これまでの研究の蓄積などを有しており，既存製品・サービスを若干改善，レベルアップする程度の知的財産であれば，既存企業にライセンスされることの方が，より有効に活用される。一方，革新性の高い知的財産であれば，既存企業の既に持つ経験，知識がプラスに作用しないばかりか，既に，研究開発，製造，販売というバリューチェーンを有する既存企業にとって，現在の知識，経験，設備などの価値を下げてしまうかもしれない (Christensen, 1997)。

　汎用レベルとは，幅広い領域における製品・サービス化の潜在性があるかどうかということである。例えば，大学発ベンチャーの有望技術領域の1つ，ナノテクノロジーは，最終製品が広範に及ぶとされ，例えば，「カーボンナノチューブの応用」としては，新規軽量，高強度，高機能材料から，燃料電池など，資源エネルギー分野，通信，エレクトロニクス分野，ナノバイ

第 2 章　大学発ベンチャーの特徴と意義

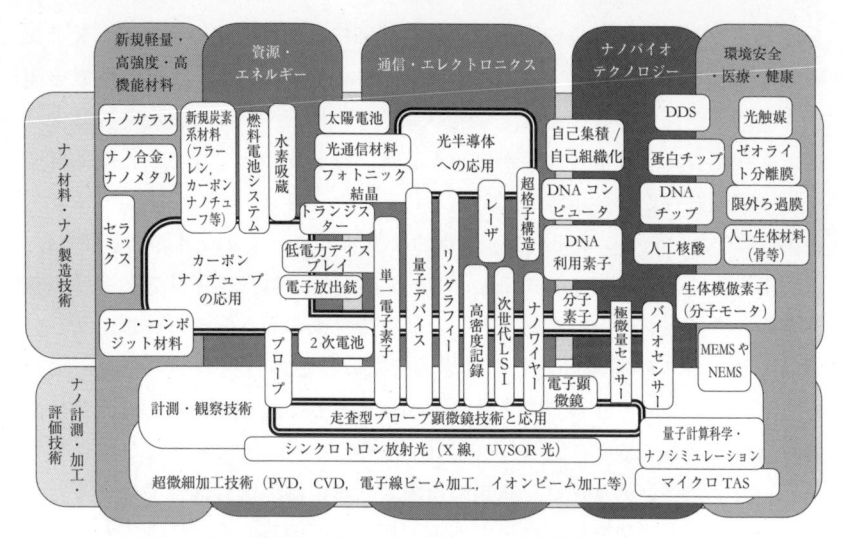

図 2-1　ナノテクノロジーの応用領域

出所：特許庁編（2002），2 頁。

オテクノロジー分野と，幅広い応用分野が示されている（図 2-1；特許庁編，2002）。これは，創業当初，最も有望と想定された製品・サービスにとらわれず，追加的技術開発の進捗状況，外部環境の変化などに応じて，場合によっては，当初の想定とは異なる製品・サービスを模索する可能性を残していることを意味している。一方，既存企業においては，こうした汎用的な知的財産は，評価が難しい。既存ビジネス以外での知的財産の応用研究，製品・サービス開発には，これまでの経験，ノウハウが生かせず，慎重になりがちであるからである。

　知的財産の権利レベルは，まず，独占的な実施権の有無に依存する。独占的な権利がなければ，類似の事業主体が，技術開発の後に出現する可能性がある。また，権利の及ぶ範囲も，知的財産の権利レベルに影響する。知的財産権として法的に保護される範囲がより狭いものである場合，他社が自社の権利を避ける形で，類似の製品，サービスを提供することが可能となる。Bhide（2000）は，ハイテク企業を対象とする投資家は，特許が競争優位性を示す検証可能な証拠となることから，特許化された技術を持つ企業への投資

を優先すると指摘し，投資家からの高い評価には，権利化の有無が重要であることを指摘している。また，Shane and Stuart (2002) は，技術の模倣を阻止する効果が高い特許を持つ大学発ベンチャーほど，ベンチャーキャピタリストから出資を受ける可能性が高いと述べ，権利化の十分なされた知的財産を投資家は好むことを示唆している。

　第3に，大学発ベンチャーは，革新的な製品・サービスの事業化を目指し，新規市場の開拓を目指す。Blair and Hitchens (1998) は，イギリス，アイルランドの大学発ベンチャーを対象とした研究で，大学発ベンチャーは，新しい製品・サービスの開発者として効果的であり，他の技術系ベンチャーよりも，革新的な製品・サービスを数多く創造すると指摘している。株式会社価値総合研究所編 (2007) は，日本の大学発ベンチャーを対象とした調査をもとに，大学発ベンチャーは，新規の市場，さらには，競合他社では全く行われていない研究開発を行う企業であると指摘している。それによると，ターゲットとする市場について，「新規に創出する市場」「成長，拡大している市場」「市場として認知されて間もない市場」「安定した成熟市場」「縮小しつつある市場質問」の4つの選択肢で尋ねたところ，大学発ベンチャーは，「新規に創出する市場」が最も多く，36.4％と，中小企業を対象とした調査結果の4倍近くのパーセンテージとなっている。また，研究開発の内容について，「競合他社で全く行われていない研究開発が多い」「自社で先行しているが，競合他社も追随している研究開発が多い」「自社に比べ競合他社が先行している研究開発が多い」の3つの選択肢で尋ねたところ，大学発ベンチャーは，「競合他社で全く行われていない研究開発が多い」が最も多く，43.0％となっている（図2-2参照）。

(2) 大学発ベンチャーの不確実性

　こうした高い潜在性と裏腹に，大学発ベンチャーは，当然，高い不確実性も併せ持つ。新規設立企業全般，ハイテクスタートアップスと順にその特徴を述べながら，大学発ベンチャーの不確実性について概観する。

　まず大学発ベンチャーに限らず，起業家は，無から価値を作り出す

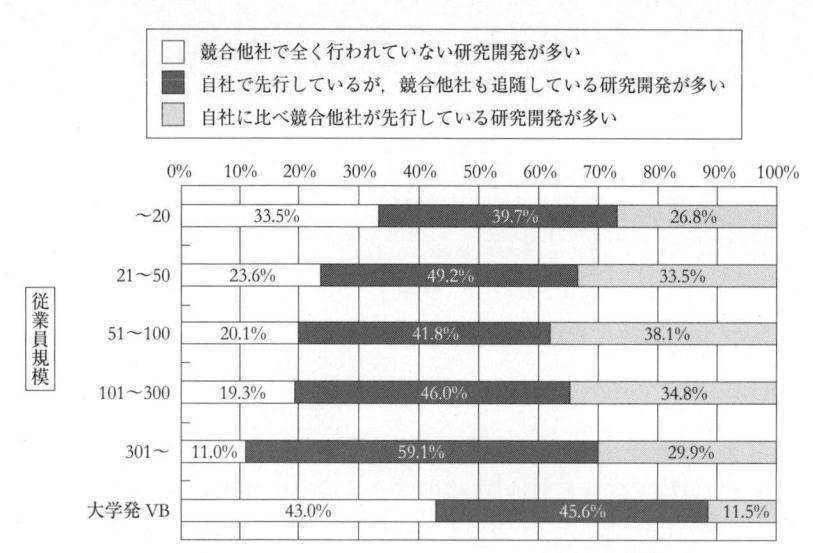

図 2-2　大学発ベンチャーと研究開発型ベンチャーの研究開発の内容

凡例：
- 競合他社で全く行われていない研究開発が多い
- 自社で先行しているが，競合他社も追随している研究開発が多い
- 自社に比べ競合他社が先行している研究開発が多い

従業員規模別データ：
- ～20：33.5%／39.7%／26.8%
- 21～50：23.6%／49.2%／33.5%
- 51～100：20.1%／41.8%／38.1%
- 101～300：19.3%／46.0%／34.8%
- 301～：11.0%／59.1%／29.9%
- 大学発VB：43.0%／45.6%／11.5%

出所　株式会社価値総合研究所編 (2007)。

(Timmons, 1994)。起業家活動は，まさに，無からの出発であるが，これは，企業としての経営資源が，ほとんど無い状態から，事業活動が始まることを意味し，経営資源の制約が存在する。また，起業家が，新しい事業を立ち上げ，産業化するまでには，様々な困難が存在し，不確実性が高い (Aldrich and Fiol, 1994)。

次に，ハイテクスタートアップスは，先端科学技術をベースとするが故に，技術の実現性，マーケティングといったイノベーションリスク，及び，資金面でのファイナンシャルリスクが高く (Pfirrmann, Wupperfeld and Lerner, 1997)，経営資源の制約も，より厳しいものとなる。イノベーションリスクの背景には，先端科学技術をベースとしているが故に，市場が未成熟，かつ，予見不可能性が高く，さらに，新技術は，陳腐化が激しいことなどが，指摘される (Tushman and Rosenkoph, 1992; Baum and Silverman, 2004; 桐畑編，2005)[1]。

---

1) 桐畑編 (2005) は，有望な新技術領域の1つであるナノテクノロジーにおいて，フラーレン，カーボンナノチューブなど有望な技術が次々と開発されていることを例にあげ，新技術

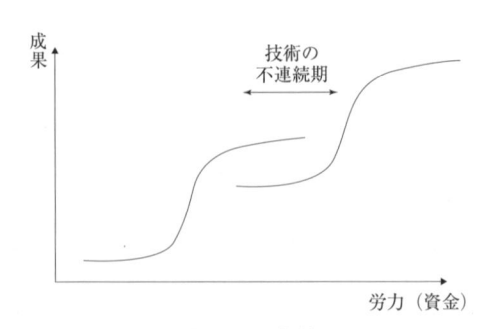

図 2-3 S 曲線
出所：Foster (1986), 102頁（一部省略して，邦訳）。

ファイナンシャルリスクの背景には，基礎研究段階の技術，投機的な事業計画，変化の激しい市場における短期間での大規模な初期投資の必要性が指摘される（秦・東出，2000）。さらに，こうした短期間に大規模な初期投資を必要とする状況からは，経営資源の制約を，ハイテクスタートアップス起業家は認識することとなる。

技術開発における不確実性を端的に説明するものとして，S 曲線を例にとる（図 2-3 参照）。S 曲線とは，技術をベースとした製品もしくは製品を改良するために投じた費用と，その投資がもたらす成果との関係を示すものとされる（Foster, 1886）。新製品や新製法の開発に資金を投入した時，当初は，なかなか成果があがらず，開発の足取りは遅々としてはかどらない。その内，開発を進展させる鍵となる情報が集まると急速な進展をみる。だが，製品や製法の開発に，さらに多額の資金をつぎ込むにつれ，技術の進歩をものにするのがますます困難に，かつ，高くつくようになり，他の新技術に取って代わられることになるとされる（Foster, 1886）。

この Foster (1886) の S 曲線によれば，研究開発投資に対応して，成果は直線的に上昇するのではなく，ある時点から，成果は急速に上がる。ただ，それがいつかは，明確ではない。開発が遅れれば，資金ショートする可能性もある。また，たとえ，開発に成功しても，投資資金さえ回収できず，他の技

領域における，陳腐化の速さ，素材や製造機器までも含めた競争の激しさを述べ，新技術をベースとした事業の不確実性の高さを指摘している（桐畑編，2005：57-59）。

術にとって代わられる可能性もある。技術開発は，極めて不確実なものであることがわかる。

　新規参入するハイテクスタートアップスにとって，S曲線は，事業参入の有力な時期として，技術の不連続期が，最も有力な選択肢であることを示唆している。なぜなら，既存企業にとっては，既存のS曲線の延長にない，新たな技術に基づいた製品やサービスに取り組む動機が乏しい。すなわち，自社の保有する技術に基づいた製品と競合関係となり，既に投資している研究開発，製造，販売の資産を置き換える可能性がある。さらに，初期の新技術は不確実性が高い。彼らは，新技術の可能性を予測できないため，現状維持にこだわってしまう傾向にあるからである。

　とはいえ，ハイテクスタートアップスにとって，技術の不連続期と言えども，必ずしも成功を約束するものではない。すなわち，自社の技術が，当該業界の既存技術にとって代わるものなのか，不確実である。仮に自社の技術が有望と判明したとしても，それが高い持続性を有するか否かについては，不確実性が伴う。先端技術においては，一般に潜在的な利益が高いと想定される分野であればある程，続々と新しい技術が登場し，先行技術を次々と代替してしまうことが多い。製品開発に至る以前に，新しい技術に代替されてしまう技術もある。例えば，ナノテクノロジーにおいても，フラーレンの発見に引き続いて，カーボンナノチューブなど，多くの材料が次々に登場している。このように数多くの代替技術が発見されることで，有望視されていた材料が他の材料により代替され，事業化段階までに価値がゼロとなることも少なからず起こりうる（桐畑編，2005）。

　経営資源の乏しいハイテクスタートアップスにとって，たとえ既存技術を置き換える技術であるとしても，研究資金に見あう十分な成果を得られるまで，資金面で持ちこたえられるかどうかも不確実である。また，自社技術が，技術的優位性もあり，費用対効果に優れたとしても，自社技術が，業界における技術標準，或いは，ドミナントデザイン[2]となることが，約束されるものではない。その上，判断に時間を有し，参入が，同じく新規参入した競合

---

[2] Uttrback (1994) によると，ドミナントデザインとは，市場の支配を勝ち取ったデザインであるとされる。

よりも遅れた場合は，先行者の優位性を得ることができない可能性がある。

このように，ハイテクスタートアップスにおける技術事業化の不確実性は高い。

しかし，大学発ベンチャーは，さらにこれを上回る不確実性が想定される。大学発ベンチャーは，事業のベースとする知的財産が，営利企業内ではなく，学術研究を目的とした大学から生み出されたものである。これは，大学発ベンチャー起業家にとって，不確実性をより認識することとなる。すなわち，大学の研究活動は，基本的に，純粋な学術の発展を目的としたものであり，研究過程において，製品・サービスがイメージされているものは多くない。こうした製品・サービスのイメージの少ない研究と，営利企業たる民間企業の研究を比較すると，顧客ニーズの探索，技術の実現性など，不確実性は，より高くなり，必要な資源はさらに膨らむ。すなわち，経営資源の制約，イノベーションリスク，ファイナンシャルリスクを，大学発ベンチャー起業家は，より意識せざるを得ない。

このように，大学発ベンチャーは，革新的，かつ，汎用的な基礎研究段階の大学の知的財産をベースに，革新的な製品，サービスを事業とし，新規市場の開拓を目指すベンチャーとして，高い潜在性をもつ。その一方，イノベーションリスク，ファイナンシャルリスク，経営資源の制約など，高い不確実性もあわせもつのである。

2 大学発ベンチャーの意義

大学発ベンチャーは，大学などの先端科学技術の事業化，商業化による社会還元の手法の1つとして，日本の科学技術イノベーションシステムの一翼を担う。本節では，日本の科学技術イノベーションの現状と課題について，概観した上で，日本の科学技術イノベーションシステムにおける大学発ベンチャーの意義について論じる。

表 2-1　日本の科学技術イノベーションに関する OECD 平均との比較

	日本	OECD 平均
人口 100 万人あたりの日米欧特許数	100.00	36.66
非技術イノベーション達成企業のパーセンテージ（全企業ベース）	100.00	50.98
対 GDP 比国内研究開発費支出	72.90	48.60
対 GDP 比民間企業研究開発費支出	71.98	42.86
従業員 1000 人あたりの研究者比率	66.73	44.26
企業間連携（全企業ベース）	33.29	57.02
新マーケット志向製品イノベーション達成企業のパーセンテージ（全企業ベース）	29.76	44.02
海外投資家との共同による特許	5.47	13.35
海外からの投資による国内支出のパーセンテージ	1.84	38.81
対 GDP 比ベンチャーキャピタル投資	1.39	23.07

出所：OECD (2008) をもとに再作成

(1) 日本の科学技術イノベーションシステム

表 2-1 は，OECD（Organisation for Economic Co-operation and Development：経済協力開発機構）が行った OECD 加盟国の科学技術イノベーションシステムに関する評価をもとに，OECD 平均と比較して，日本が高い評価を受けた項目上位 5 項目と，下位の 5 項目を示したものである[3]。

日本が，OECD の平均値を上回る上位 5 項目は，①人口 100 万人あたりの日米欧特許数，②非技術イノベーション達成企業のパーセンテージ（全企業ベース），③対 GDP 比国内研究開発費支出，④対 GDP 比民間企業研究開発費支出，⑤従業員 1000 人あたりの研究者比率である。一方，OECD の平均値を下回る下位 5 項目は，❶対 GDP 比ベンチャーキャピタル投資，❷海外からの投資による国内支出のパーセンテージ，❸海外投資家との共同によ

---

[3] OECD（Organisation for Economic Co-operation and Development：経済協力開発機構）は，フランスのパリに本部が置かれ，先進国間の自由な意見交換，情報交換を通じて，1）経済成長，2）貿易自由化，3）途上国支援に貢献することを目的とした機構である。2009 年現在，EU 加盟国（19 ヵ国：イギリス，ドイツ，フランス，イタリア，オランダ，ベルギー，ルクセンブルク，フィンランド，スウェーデン，オーストリア，デンマーク，スペイン，ポルトガル，ギリシャ，アイルランド，チェコ，ハンガリー，ポーランド，スロバキア）及び，その他（11 ヵ国：日本，アメリカ合衆国，カナダ，メキシコ，オーストラリア，ニュージーランド，スイス，ノールウェー，アイスランド，トルコ，韓国）が，加盟国となっている。

る特許，❹新マーケット志向，製品イノベーション達成企業のパーセンテージ（全企業ベース），❺企業間連携（全企業ベース）となっている。

　日本の科学技術イノベーションシステムの優位性と劣位性について，要約するならば，「技術開発投資」「特許取得」「非技術イノベーション」，その劣位性としては，「ベンチャーファイナンス」「新マーケット志向，製品イノベーション」，さらに，「自国，自社志向」を指摘することができよう。

　優位性の内，「技術開発投資」と「特許取得」に，まず着目する。これらは，日本が，研究開発を重視し，人的にも，資金的にも，積極的に投資を行い，少なくとも特許というの成果を挙げていることを示している。OECD (2008) によると，日本は，人口100万人あたりの日米欧特許数が，OECD諸国で最も高い。

　この背景には，まず，高い「技術開発投資」があろう[4]。OECD (2008) によると，日本の対GDP比国内研究開発費支出は，1996年は，2.81％，2001年，3.12％，2006年，3.9％と，その比率は，1996年以降，年々増加している。1996年，2001年，2006年のそれぞれのパーセンテージについては，いずれも，OECD諸国で，スウェーデン，フィンランドについで，3番目に高い。

　こうした日本の対GDP比国内研究開発費支出の高さは，民間企業部門に負うところが大きい。日本では，全研究開発投資の80％近くを民間企業が担っているとされる（OECD, 2008）。日本の民間企業の研究開発費は，図2-4の通り，1990年代以降，全体として増加傾向にあり，特に，金融危機に伴う経済不況下であった1990年代後半も，その傾向は変わらない（内閣府編, 2008）。こうした日本の民間企業における企業の研究開発重視の姿勢が，特許という成果で現れている。

---

[4] この背景の1つとして，基礎研究のレベルの高さもあろう。自然科学部門のノーベル物理学賞，化学賞，生理学，医学賞の3部門における受賞について，21世紀以降だけをみると，日本のノーベル賞受賞者は，7人にのぼる。これは，21世紀に入ってからの受賞者数を国際比較すると，アメリカ，イギリスに次ぐ数である。自然科学部門における日本人ノーベル賞受賞者は，湯川秀樹氏（1949年，物理学賞），朝永振一郎氏（1965年，物理学賞），江崎玲於奈氏（1973年，物理学賞），福井謙一氏（1981年，化学賞），利根川進氏（1987年，生理学，医学賞），白川英樹氏（2000年，化学賞），野依良治氏（2001年，化学賞），小柴昌俊氏（2002年，物理学賞），田中耕一氏（2002年，化学賞），小林誠氏（2008年，物理学賞），益川敏英氏（2008年，物理学賞），下村脩氏（2008年，化学賞）であり，2000年以降の受賞者が，7人を占める。

(億円)

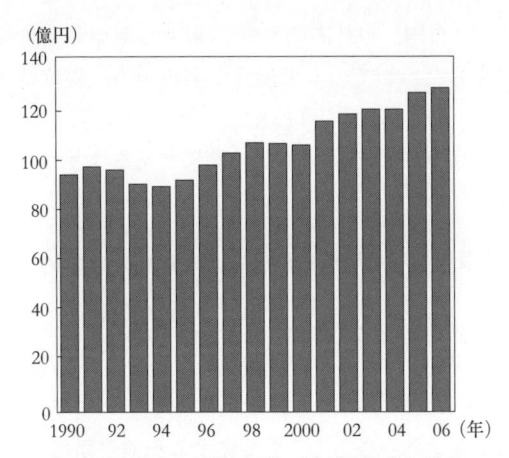

図 2-4　日本の民間企業の研究開発費の推移
出所：内閣府編 (2008)，123 頁。

次に，優位性としての「非技術イノベーション」，劣位性としての「新マーケット志向，製品イノベーション」「自国，自社志向」に着目する。「非技術的イノベーション」とは，マーケティングや組織的なイノベーションの漸進的改善によるものとされる。OECD (2008) によると，日本の大企業の 80％，中小企業の 60％が，漸進的な改善による「非技術イノベーション」を成し遂げているとされる。その一方，劣位性としての「新マーケット志向，製品イノベーション」は，「非技術イノベーション」と，必ずしも二律背反なるものではないはずだが，好対照の結果となっている。OECD (2008) によると，2002 年から 2004 年において，「新マーケット志向，製品イノベーション」を成し遂げた企業は，大手企業で 26％，中小企業で 11％と，「非技術イノベーション」達成企業のパーセンテージと比較して，極めて低い水準となっている。

日本の科学技術イノベーションシステムにおける優位性としての「非技術イノベーション」，劣位性としての「新マーケット志向，製品イノベーション」の背景には，「自国，自社志向」の要因が考えられる。Chesbrough (2006) は，有用な知識やテクノロジーの存在を遮断した内部開発によるイノベーションには限界があると述べ，オープンイノベーションの有用性を指摘している。

すなわち，日本の「自国，自社志向」が，「新マーケット志向，製品イノベーション」に限界をもたらしている可能性がある一方，優位性としての「非技術イノベーション」は，「自国，自社志向」による，暗黙知を共有した関係者による"すりあわせ"（内閣府編，2008）の成果と見ることもできよう。

(2) 日本の科学技術イノベーションシステムにおける意義

日本の科学技術イノベーションシステムにおける大学発ベンチャーの意義として，本書では，優位性の伸長機能以上に，劣位性の補完機能に着目する。

第1に，大学発ベンチャーは，日本の劣位性として指摘される「新マーケット志向，製品イノベーション」を補完する機能が期待できる。

大学発ベンチャーは，革新的，かつ，汎用的で，権利化された基礎研究段階の大学の知的財産をベースに，革新的な製品・サービスを事業とし，新規市場の開拓を目指すベンチャーとして，高い潜在性を示す。例えば，ジェネンテック，グーグルなど，アメリカの大学発ベンチャーは，既存のグローバル企業に伍して，世界的な企業にまで急成長した。日本においても，こうした大学発ベンチャーの成長が実現されれば，企業の新陳代謝の活発化により，日本の科学技術イノベーションシステムにおける劣位性としての「新マーケット志向，製品イノベーション」は，改善されることとなろう。

第2に，日本の科学技術イノベーションシステムの劣位性としての「ベンチャーファイナンス」を活性化する役割が期待できる。「ベンチャーファイナンス」，すなわち，❶対GDP比ベンチャーキャピタル投資が，OECDの中で，最も低い項目となったことは，日本の起業環境のレベルを象徴するものである。

ベンチャーキャピタルは，国際的に先端技術を事業化する際の有力な手法の1つであるハイテクスタートアップスの主たる資金源となっている（Black and Gilson, 1998）。日本の対GDP比ベンチャーキャピタル投資は，わずか0.7％で，ポーランド，スロバキア，チェコの3ヵ国を除いて，OECD諸国で最も低いレベルにある。最も高いイスラエル，イギリスのそれぞれ，100分の1，7分の1，アメリカの18分の1である（OECD, 2008）。日本のベン

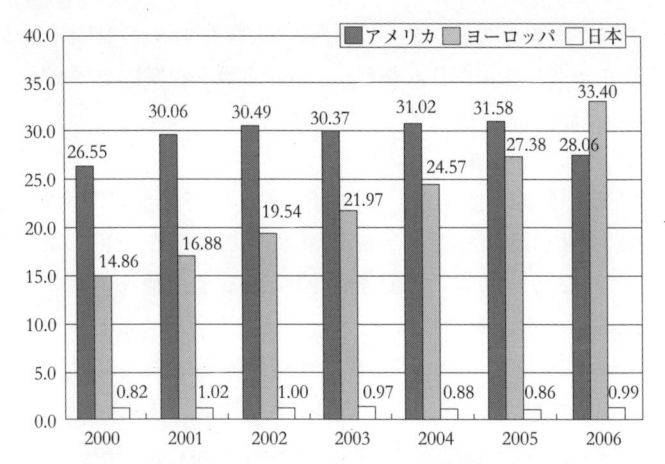

図 2-5 日米欧のベンチャーキャピタル投資の残高比較

注：財団法人ベンチャーエンタープライズセンター「ベンチャーキャピタル等投資動向調査」；NVCA Yearbook 2007, EVCA Yearbook 2007 のデータをもとにしたもの。1ドル=119円、1ユーロ=158円にて換算。アメリカは VC 投資のみでかつアメリカ内への投資に関しての結果であり、ヨーロッパは PE 投資、及び、海外投資を含む。日本は 2003 年までは再生、バイアウト投資を含むが、2004 年以降は再生、バイアウト投資を除く（すべての年において海外投資を含む）。また、日本の投資残高は、各年 3 月末時点のデータである。
出所：経済産業省編 (2008), 35 頁。

チャーキャピタルの投資残高を、アメリカ、ヨーロッパと比較すると、2006 年の実績で、図2-5 の通り、日本は1兆円に対して、アメリカは 28 兆円、ヨーロッパは 33 兆円と、日本は、アメリカ、ヨーロッパの 30 分の 1 程度という規模となっている（経済産業省編、2008）。さらに、日本のベンチャーキャピタルは、これまで、株式公開直前の既に成熟している企業に対する投資の割合も多く、本当の意味で新たな事業を起こそうという起業家への投資には、あまり積極的ではないとされてきた（Hamao, Packer and Ritter, 2000）。

また、日本においては、エンジェル投資家の規模が小さい。経済産業省編（2008）によると、日本においては、1997 年以降、エンジェル税制が創設されて、改正、拡充が行われているが、このエンジェル税制の活用は、最も多い年である 2005 年の実績においても、25 億円弱にとどまっている。また、エンジェル投資家によるエンジェルネットワークについても、アメリカと欧

州では、それぞれ200以上のネットワークが、存在するが、日本においては、日本エンジェルズ・フォーラムなど、十数から数十程度にとどまっているとされる（経済産業省編、2008）。

日本において、ベンチャーファイナンスが活発でない要因として、日本の起業活動の低調さがある。日本は、新たに企業を起こす新規開業率は、OECD諸国で最低であり、廃業率が、開業率を上回るという、世界的にもまれな新規開業の不活発な国であると指摘されている（Global Entrepreneurship Monitor, 2007 他）。

GEM（Global Entrepreneurship Monitor）が、世界各国の起業活動について、様々な観点から評価したところ、日本は、先進国で、最も起業活動が不活発な国々の1つとなっている（図2-6参照）。Schumpeter（1934）は、経済活動において旧方式から飛躍して新方式を導入することを「新結合」と呼ぶと共に、イノベーションを実現する者を、起業家（アントレプレナー：Entrepreneur）と呼び、新たなビジネスを創造する主体として高く評価したが、日本では、イノベーションの担い手による起業家活動が、世界的にみても不活発であることがわかる。一方、アメリカでは、大学や研究機関の周辺から、ベンチャーキャピタリストによる投資を受けた大学発ベンチャーをはじめとするハイテクスタートアップスが数多く生まれ、この中から世界企業に成長するものも現れている（Bahrami and Evans, 1995; Smilor; Gibson and Kozmetsky, 1990 他）。

日本における大学発ベンチャーの成長が促進されれば、日本の不活発な起業家活動を刺激し、かつ、日本の科学イノベーションシステムの劣位性としての「ベンチャーファイナンス」を、改善させることが期待される。

最後に、劣位性としての「自国、自社志向」についても述べておきたい。日本の科学技術イノベーションシステムの劣位性としての「自国、自社志向」は、日本企業全般について言えることであり、大学発ベンチャーとて例外ではない。本書において、大学発ベンチャーにおける外部資源活用に着目している背景には、こうした要因がある。大学発ベンチャーが、日本の特有の劣位性を克服し、「自国、自社志向」を脱却できれば、日本の科学技術イノベーションシステムの劣位性を補完する存在として、より存在感を高めることができよう。本書の後半で論じていく。

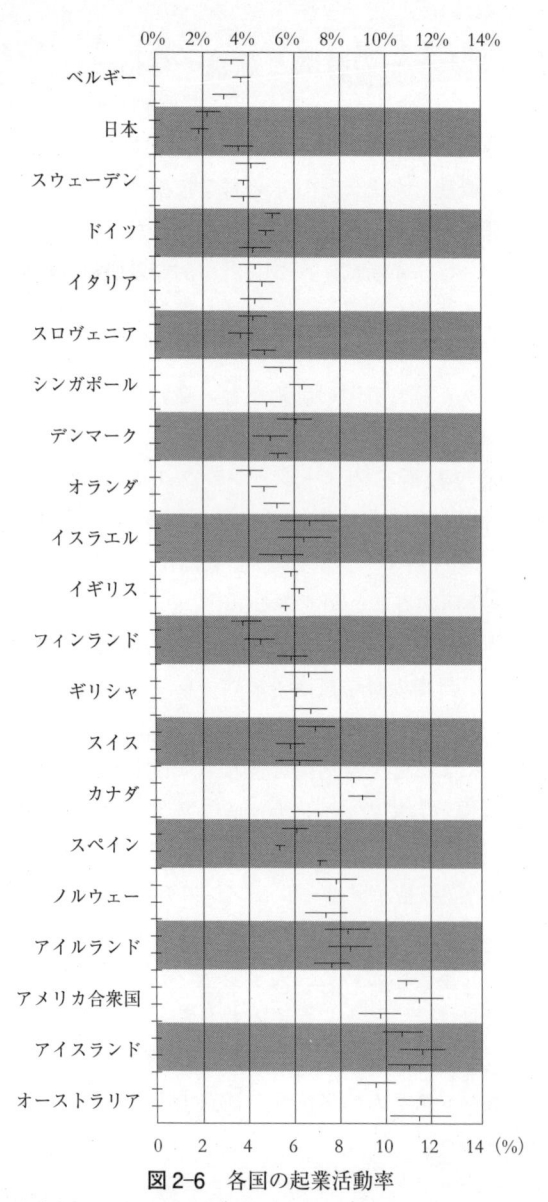

第2章　大学発ベンチャーの特徴と意義

図2-6　各国の起業活動率

出所：Global Entrepreneurship Monitor (2007), 17頁。

3 大学発ベンチャーの特徴と意義―章括―

本章では，大学発ベンチャーの特徴としての潜在性と不確実性について，先行研究をもとに概観した上で，日本の科学技術イノベーションシステム全体から見た大学発ベンチャーの意義について論じた。

大学発ベンチャーは，革新的，かつ，汎用的な基礎研究段階の大学の知的財産をベースに，革新的な製品・サービスを事業とし，新規市場の開拓を目指すベンチャーとして，高い潜在性の裏腹に，イノベーションリスク，ファイナンシャルリスク，経営資源の制約など，高い不確実性を有することが特徴である。

また，日本の科学技術イノベーションシステムは，優位性として，「技術開発投資」「特許取得」「非技術イノベーション」，劣位性として，「ベンチャーファイナンス」「新マーケット志向，製品イノベーション」，さらに，「自国，自社志向」を指摘することができる。

日本の科学技術イノベーションシステムにおける大学発ベンチャーに意義としては，第1に，日本の科学技術イノベーションシステムの劣位性として指摘される「新マーケット志向，製品イノベーション」を補完する。第2に，大学発ベンチャーによる起業家活動を通じて，日本の科学技術イノベーションシステムの劣位性としての「ベンチャーファイナンス」を活性化する機能が期待できよう。

最後に，日本の科学技術イノベーションシステムの劣位性としての「自国，自社志向」は，日本企業全般について言えることであり，大学発ベンチャーとて例外ではない。本書において，大学発ベンチャーにおける外部資源活用に着目している背景には，こうした要因もある。大学発ベンチャーが，日本の特有の劣位性を克服し，「自国，自社志向」を脱却できれば，日本の科学技術イノベーションシステムの劣位性を補完する存在として，より存在感を高めることができよう。

第3章

日米欧の大学発ベンチャーと育成施策

1 アメリカの急成長大学発ベンチャー

　世界的な企業に，急成長を遂げたアメリカの大学発ベンチャーは数多い。表3-1の通り，グーグル，ジェネンテック，バイオジェン，インクトゥミ (Inktomi)，ネットスケープ (Netscape)，クアルコム (Qualcomm)，シスコシステムズ，シリコングラフィックス (Silicon Graphics)，サンマイクロシステムズ (Sun Microsystems)，デジタルイクイップメント (Digital Equipment Corporation)，ヒューレット・パッカード (Hewlett-Packard)。設立から70年を経過したヒューレット・パッカードから，設立わずか10年程度のグーグルまで，歴史，設立数，成果，いずれも，他の先進諸国と比較して，アメリカにおける大学発ベンチャーの実績は，抜きんでている。

　グーグルは，スタンフォード大学で博士課程に在籍していたラリー・ペイジ (Larry Page) とセルゲイ・ブリン (Sergey Brin) によって，1998年に創業された大学発ベンチャーで，もともとは，スタンフォード大学の研究プロジェクトをベースとして誕生したものである。世界中の情報を整理し，世界中の人々がアクセスできて使えるようにすることを使命として，世界最大の無料検索エンジンとして評価されている[1]。時価総額は，2009年8月時点で，1425億ドルと，アメリカの企業時価総額ランキングで12位となっている[2]。

　古くは，1939年に創業したヒューレット・パッカードは，スタンフォー

---

1) Vise and Malseed (2005), Google Inc. ed. (2009), 及び, Google, Inc. のウェブサイト, http://www.google.com/corporate/。
2) 2009年8月時点, http://finance.yahoo.com/ のデータをもとにしたもの。

ド大学の同級生だったウィリアム・ヒューレット（William Hewlett）とデビッド・パッカード（David Packard）が，パロアルトのガレージで創業し，作られた最初の製品は，オーディオ発振器であったとされる。ごく初期の顧客の1社には，ウォルトディズニースタジオの名前がある。ウォルトディズニースタジオは，映画「ファンタジア」の音響システムの開発，及び，テスト用として，オーディオ発振器を8台購入し，創業まもないヒューレット・パッカードの経営に寄与したとされる[3]。現在では，プリンティング，パーソナルコンピューター，ソフトウェア，サービスからITインフラにいたる多様な製品，サービス群を有し，世界170ヵ国以上の国や地域で，事業を展開するグローバル企業である。

また，1998年にコンパック（Compaq）に買収され，さらに，そのコンパックが，2001年にヒューレット・パッカードに買収される結果となったが，ミニコンピュータといわれる業界で，業界をリードしたデジタルイクイップメントも，大学発ベンチャーである。デジタルイクイップメントは，ケネス・オールソン（Kenneth Olson）が，マサチューセッツ工科大学で開発された技術をもとに，1957年に設立した企業である（Robert, 1991）。このデジタルイクイップメントには，アメリカで初めての組織的ベンチャーキャピタルであるアメリカンリサーチアンドディベロップメント（American Research and Development）が出資し，5000倍という記録的な投資リターンを生み出したことでも有名である（Bygrave and Timmons, 1992）。

バイオ系では，1976年創業のジェネンテック。スタンフォード大学教授のスタンレー・コーエン（Stanley Cohen）とカリフォルニア大学教授のハーバート・ボイヤー（Herbert Boyer）が共同で発明し，後にコーエン・ボイヤーパテンツ（Cohen-Boyer patents）と呼ばれる遺伝子組換特許をもとに生まれたバイオ系大学発ベンチャーである（Parker and Zilberman, 1993）。2009年3月には，スイスの製薬大手ロシュ（Roche）による486億ドルのジェネンテック完全子会社化で合意，ロシュ傘下の企業となっている[4]。

---

3) Hewlett-Packard Company ed. (2009)，及び，Hewlett-Packard Companyのウェブサイト，http://www.hp.com/hpinfo/abouthp/。

4) Genentech, Inc. ed. (2009)，石川（2007），及び，Genentech, Inc.のウェブサイト，http://www.

表 3-1 アメリカの急成長大学発ベンチャー

企業名	設立年	概　要
ヒューレット・パッカード	1939	スタンフォード大学のヒューレット・パッカードが同大学のターマン教授の支援を受けて設立し，科学計測機器を開発。
デジタルイクイップメント	1957	MIT研究員のケネス・オールソンなどが設立し，ミニ・コンピューターを開発。
ジェネンテック	1976	カリフォルニア大学教授ボイヤーなどにより設立され，遺伝子組換え技術による医薬品を開発。
バイオジェン	1980	MIT教授シャープとハーバード大学教授ギルバードにより設立され，遺伝子組換え技術による医薬品を開発。
サンマイクロシステムズ	1982	スタンフォード大学の卒業生がUNIXベースのワークステーションを開発。指導教官がコンサルタント。
シリコン・グラフィックス	1984	スタンフォード大学教授クラークが教え子など6人と設立し，グラフィック・ワークステーションを開発。
シスコシステムズ	1985	スタンフォード大学の研究員レーマーとボザック夫婦により設立され，ルーターを開発。
クアルコム	1985	カリフォルニア大学サンディエゴ教授ジェイコブスにより設立され，通信機器を開発（軍事関係企業からスピンアウト）。
ネットスケープ	1994	マーク・アンダーセン等のイリノイ大学の学生が開発したインターネットブラウザーの「モザイク」ベースに，ジム・クラークの出資により設立。
インクトゥミ	1996	カルフォルニア大学バークレー校助教授ブリューワ，コンピュータ科学の博士課程学生ゴーシェにより設立され，インターネットのサーチエンジン開発。

出所：経済産業省編（2002），51頁。

gene.com/gene/about/。

こうしたアメリカの大学発ベンチャーの急成長は，アメリカの企業時価総額ランキングのトップ30をみると理解できる（表3-2）。アメリカの企業時価総額ランキングを見ると，大学発ベンチャーでは，12位にグーグル，15位にシスコシステムズ（Cisco Systems），20位にヒューレット・パッカード，25位にクアルコム（Qualcomm）が名を連ねている。また，技術系の急成長ベンチャーに範囲を広げると，2位に，1975年創業のマイクロソフト（Microsoft），10位に1976年創業のアップル（Apple），17位には，1977年創業のオラクル（Oracle），19位には，1968年創業のインテル（Intel），29位に1980年創業のアムジェン（Amgen）を挙げることができる。

　こうしたアメリカの大学発ベンチャーの活躍は，日本の企業時価総額ランキングと比較すると，日米の大学発ベンチャー，ハイテクスタートアップスとの差が浮き彫りとなる。日本の企業時価総額ランキングをみると，トヨタ自動車，三菱UFJファイナンシャル・グループ，日本電信電話などが上位に並ぶ。大学発ベンチャーは，1社もなく，ベンチャーというカテゴリーでも，25位のソフトバンクを挙げることができる程度で，日本とアメリカの企業の新陳代謝という点でも，明らかにアメリカが優位であり，アメリカでは，時価総額上位企業の一角を大学発ベンチャーが占めている。

　アメリカでは，ヒューレット・パッカードの事例からもわかるように，半世紀以上前から，大学の科学技術の事業化において，大学発ベンチャーという手法が成果を挙げてきた。ただ，その活動が活発化，定着する状況が生まれたのは，1980年代以降のことである。

　そのきっかけとなったのが，1980年に成立したバイ・ドール法である。バイ・ドール法が成立したことによって，連邦政府の資金による研究成果から生まれた特許権を大学が保有することが認められた。これにより，創業に伴う知的財産の取り扱いが簡素化され，大学などの研究者がより創業しやすくなったとされる（Stevens, Toneguzzo and Bostrom ed., 2005 他）。

　アメリカでは，1980年から2003年までに，4543社の大学発ベンチャーの設立が確認されている（Stevens, Toneguzzo and Bostrom ed., 2005）。また，2007年1年間に設立された大学発ベンチャーは，555社に上る（Tieckelmann, Kordal and Bostrom ed., 2008）。1980年以降の毎年の大学発ベンチャー設立件

表 3-2　日米時価総額ランキング

	社名	時価総額 (百万円)	社名	時価総額 (10億ドル)
1	トヨタ自動車（株）	13,826,470	EXXON MOBIL CP	336.56B
2	（株）三菱UFJフィナンシャル・グループ	6,849,236	Microsoft Corporation	212.16B
3	日本電信電話（株）	6,375,190	WAL MART STORES	191.71B
4	（株）NTTドコモ	6,082,680	JOHNSON AND JOHNS DC	166.57B
5	ホンダ	5,559,530	JP MORGAN CHASE CO	163.95B
6	キヤノン（株）	4,428,095	PROCTER GAMBLE CO	157.13B
7	（株）三井住友フィナンシャルグループ	3,958,899	INTL BUSINESS MACH	155.30B
8	任天堂（株）	3,592,726	AT&T INC.	151.81B
9	パナソニック（株）	3,522,585	GEN ELECTRIC CO	148.42B
10	東京電力（株）	3,280,704	Apple Inc.	147.91B
11	三菱商事（株）	3,232,795	BK OF AMERICA CP	144.13B
12	（株）みずほフィナンシャルグループ	3,133,595	Google Inc.	142.52B
13	日産自動車（株）	3,074,086	CHEVRON CORP	139.91B
14	武田薬品工業（株）	3,024,421	WELLS FARGO & CO NEW	130.80B
15	JT	2,818,000	Cisco Systems, Inc.	127.87B
16	ソニー（株）	2,641,928	COCA COLA CO THE	113.95B
17	新日本製鐵（株）	2,518,583	Oracle Corporation	107.36B
18	（株）デンソー	2,466,552	PFIZER INC	107.09B
19	三井物産（株）	2,363,415	Intel Corporation	105.52B
20	KDDI（株）	2,336,590	HEWLETT PACKARD CO	103.23B
21	東京海上ホールディングス（株）	2,272,781	PHILIP MORRIS INTL	91.44B
22	東日本旅客鉄道（株）	2,236,000	PEPSICO INC	90.96B
23	ジェイ エフ イー ホールディングス（株）	2,181,256	VERIZON COMMUN	88.83B
24	信越化学工業（株）	2,169,176	GOLDMAN SACHS GRP	88.52B
25	ソフトバンク（株）	2,150,899	QUALCOMM Incorporated	76.15B
26	三菱地所（株）	2,089,767	ABBOTT LABORATORIES	68.00B
27	野村ホールディングス（株）	2,070,325	CONOCOPHILLIPS	66.06B
28	（株）セブン&アイ・ホールディングス	2,057,623	SCHLUMBERGER LTD	64.80B
29	関西電力（株）	2,014,414	Amgen Inc.	63.24B
30	（株）東芝	1,873,020	MERCK CO INC	62.44B

注：http://finance.yahoo.co.jp/ 及び http://finance.yahoo.com/ のデータから作成（2009年8月時点）。

数をみると，2000年代前半以降に，大学発ベンチャーの設立数は増加している[5]。

2 ヨーロッパの大学発ベンチャー

　先端技術の事業化，商業化における競争環境の変化や，その変化を体現するアメリカの急成長大学発ベンチャーによる成果は，ヨーロッパの主要国において，大学発ベンチャー・産学連携施策の推進を加速させた。
　イギリスでは，1990年代後半以降，多くの大学において，技術移転機関の設置が進み，大学で発明，発見された技術の商業化が活発になった（Wright, Clarysse, Mustar and Lockett, 2007 他）。こうした産学連携施策の推進に呼応する形で，大学発ベンチャーの設立数も急増した。イギリスの高等教育機関を対象とした調査では，90年代後半の5年間だけで338社が設立された（Charles and Conway, 2001）。
　オートノミー（Autonomy Corporation plc）は，マイク・リンチ（Mike Lynch）が，自らの研究成果をもとに，1996年にケンブリッジで設立した企業で，パターン照合技術，すなわち，特定の概念に一致する単語や表現の使用やその使用頻度に基づいてテキストに自然に存在するパターンを発見する技術をベースとした企業向け情報基盤ソフトウェア事業を展開している。2008年の売上は，5億ドルを超える。2009年の時点では，イギリスのケンブリッジとアメリカのサンフランシスコに本部を置いている他，世界の多くの国に支

---

[5]　アメリカの大学技術マネジャー協会（AUTM: Association of University Technology Managers）では，大学発ベンチャーについて，大学の知的財産をベースとしたベンチャーを，"大学発ベンチャー"としている（Stevens, Toneguzzo and Bostrom ed., 2005）。大学で学んだ内容を基に創業など，大学発ベンチャーを幅広く捉える日本の経済産業省の定義とは異なり，狭い定義であるが，それでも既に4000社を超えている。
　アメリカの大学技術マネジャー協会は，大学からの技術移転と技術移転の専門家を養成することを目的に，1974年に設立されたアメリカの非営利団体で，現在は，アメリカに限らず，世界中の大学技術移転担当者，企業の知的財産管理者，政府関係者などが会員となっているとされる（AUTMのウェブサイト，http://www.autm.net/About.htm）。

部を置く，グローバルな企業に成長している[6]。

　ターボパワーシステムズ (Turbo Power Systems Inc.) は，1993年に，イギリス，インペリアルカレッジ教授のコリン・ベサント (Colin Besant) の研究成果をもとに，インペリアルカレッジのスピンアウト企業，ターボジェンセット (Turb Genset Inc.) を前身とする。発電機用の高速磁気システムなどを主要事業として，急成長を果たし，2000年には，ロンドン証券取引所，トロント証券取引所に上場を果たしている[7]。

　Charles and Conway (2001) は，1999年時点におけるイギリス，アメリカ，カナダの大学発ベンチャー設立数，及び，これらに係る研究開発費支出の比較を示し，イギリスは，1999年1年間だけで199社の大学発ベンチャーが設立され，これらの大学発ベンチャーに係る研究開発費支出は，860万ポンドであると試算した。一方，カナダは，1999年に50社の大学発ベンチャーが設立され，大学発ベンチャーに係る研究開発費支出は，1390万ポンド，アメリカは，同275社，同5310万ポンドの研究開発支出と試算している。

　その上で，Charles and Conway (2001) は，「これらの数値が示すものは，イギリスの高等教育機関は，北アメリカより起業家精神にはるかに劣るという常識への反駁である (Charles and Conway, 2001: 64-65)」と述べ，イギリスの大学発ベンチャーの創業数，研究開発支出については，北アメリカのアメリカ，カナダに匹敵するレベルにあると指摘している。

　また，ドイツでは，1990年には，345社であった大学発ベンチャー数が，1996年には，635社と大きく増加し，1997年時点においては，アメリカの258社，イギリスの46社[8]を大きく上回っていると指摘されるなど，大学発ベンチャーの設立が，1990年代を通じて，大きく伸びたとされる (近藤，2002)。近藤 (2002) は，この要因として，ドイツの積極的な大学発ベンチャー育成，産学連携推進施策を挙げている。

　イギリス，ドイツを含めた，ヨーロッパの主要国の大学発ベンチャーの

---

6) Autonomy Corporation plc. Ed. (2009)，及び，Autonomy Corporation plc. Ed. のウェブサイト，http://www.autonomy.com/content/Autonomy/introduction/index.en.html。

7) Turbo Power Systems Inc.ed. (2008)，Colin Besant (2007)，及び，Turbo Power Systems Inc. のウェブサイト，http://www.turbopowersystems.com/index.aspx。

8) イギリスは，1995年時点の数。

設立数について，Wright, Clarysse, Mustar and Lockett (2007) は，イギリスの1650社 (1981年から2003年まで)，ドイツの470社から4000社 (1997年から1999年) をはじめ，フランスは，1230社 (1984年から2003年)，オランダは，300社 (1980年から1990年代まで)，ベルギーは，320社 (1980年から2005年)，スウェーデンは，3000社から5000社 (1990年代まで) とのデータを示している。また，ヨーロッパ以外では，Wright, Clarysse, Mustar and Lockett (2007) によると，カナダでは，1100社 (1962年から2003年まで)，オーストラリアでは，97社 (1984年から1999年) とのデータを指摘している。

これらは，大学発ベンチャーの定義，調査期間など，国や地域によってまちまちあるため，単純な比較はできないが，ヨーロッパの主要国においても，大学発ベンチャー設立が，かなりの数に上っていることがわかる。

3 日本の大学発ベンチャー

日本においては，1990年代後半以降，大学発ベンチャーの設立が急増した。1990年以降の大学発ベンチャーの累積設立企業数を示したものが，図3-1である。1990年には，38社，1998年でも202社程度であったものが，2008年には，1809社に急増していることが分かる (株式会社日本経済研究所編，2009)。株式会社日本経済研究所編 (2009) によると，その直接効果は，市場規模は2659億円，雇用者数は1万7186人と推計，さらに，経済波及効果としては，4803億円，雇用誘発効果は，3万3000人と推計している[9]。

2000社近くに上る日本の大学発ベンチャーの中から，株式公開を果たした大学発ベンチャーも，20社を超えた。オンコセラピー・サイエンス，アンジェスMG，メディネット，ECI，ナノキャリア，トランスジェニック。これらは，近年，株式を公開した日本の大学発ベンチャーである。

---

[9] 株式会社日本経済研究所編 (2009) によると，大学発ベンチャー1773社が直接生み出す売上高，及び，雇用者を「直接効果」，さらに，直接効果が他企業，及び，他産業の生産誘発を通して生み出す総効果を「経済波及効果」(＝直接効果＋間接効果) として，その推計を行っているとされる。

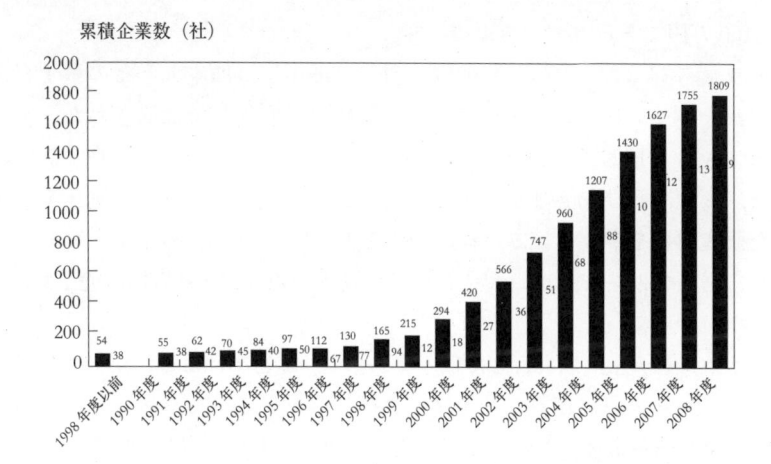

第3章　日米欧の大学発ベンチャーと育成施策

図3-1　大学発ベンチャーの累積設立企業数
出所：株式会社日本経済研究所編（2009），8頁。

　オンコセラピー・サイエンスは，東京大学医科学研究所の中村祐輔教授の癌遺伝子に関わる成果を基に，癌関連遺伝子，及び，遺伝子産物を標的とした癌治療薬，癌治療法の研究開発を目的とする大学発ベンチャーとして，2001年に設立された。2003年12月に，東京証券取引所マザーズ市場に上場を果たし，2009年3月期で，資本金34億9200万円，売上高は，33億2700万円である[10]。

　アンジェスMGは，大阪大学大学院医学系研究科の森下竜一教授の研究成果をもとに，1999年12月に，大阪府に設立されたバイオベンチャーである。血管を新生し血液の流れを改善する肝細胞増殖因子遺伝子治療薬，様々な炎症を抑えるNFκBデコイの2つの医薬品候補を開発すると共に，子会社を活用し，医薬品の新規デリバリー技術であるHVJエンベロープベクターの開発を事業としている。2002年9月，東京証券取引所マザーズ市場に上場を果たし，2008年12月期で，資本金94億5400万円，売上高は，9

---

10)　オンコセラピー・サイエンス株式会社（2009），日本経済新聞社編（2003），及び，オンコセラピー・サイエンス株式会社のウェブサイト，http://www.oncotherapy.co.jp/index.html。

億 5100 万円である[11]。

　トランスジェニックは，1998 年 4 月に，熊本県，熊本大学との産学官連携事業をベースに，株式会社クマモト抗体研究所として設立された。アンジェス MG と同じく，バイオベンチャーである。遺伝子改変動物，抗体の開発，販売，及び，各種ライセンスと共に，遺伝子改変動物，抗体を活用した研究開発を事業としている。2002 年 12 月に，東京証券取引所マザーズ市場に上場を果たし，2009 年 3 月期で，資本金 48 億 5500 万円，売上高は 3 億 2400 万円である[12]。

　バイオベンチャー以外としては，ナノキャリアを挙げることができる。同社は，1996 年 6 月に創業したナノテクベンチャーで，2008 年 3 月東京証券取引所マザーズ市場に上場，ミセル化ナノ粒子技術を応用した医薬品などの研究開発を事業としている。基盤となる研究技術は，東京女子医科大学の岡野光夫教授，横山昌幸助教授，そして東京大学の片岡一則教授らで，岡野教授は，同社の取締役を務めている。2009 年 3 月期で，資本金 26 億 6700 万円，売上高は 3 億 5364 万円である[13]。

　表 3-3 は，デジタルニューディール研究所が，株式公開を果たした大学発ベンチャーとされるベンチャー企業をまとめたものである。大学発ベンチャーの定義は，経済産業省編（2005）の定義にほぼ沿ったものとみられ，2001 年 2 月から，2008 年 3 月までで，23 社をリストアップしている[14]。それによると，日本における大学発ベンチャーの上場は，2001 年以降で，多くが東京証券取引所のマザーズ，大阪証券取引所のヘラクレスなど，新興企業向け市場での上場がほとんどを占める。

　株式会社日本経済研究所編（2009）によると，2008 年 3 月現在，日本の大

---

11) アンジェス MG 株式会社（2009），新藤，露木，辻本（2006），及び，アンジェス MG のウェブサイト，http://www.anges-mg.com/company/index.htm。
12) 株式会社トランスジェニック編（2009），及び，トランスジェニックのウェブサイト，http://www.transgenic.co.jp/jp/corporation/index.html。
13) ナノキャリア株式会社編（2009）及びナノキャリアのウェブサイト，http://www.nanocarrier.co.jp/company/index.html。
14) 後述するが，本書の大学発ベンチャーの定義と，経済産業省，デジタルニューディール研究所の定義する大学発ベンチャーは若干異なるため，すべての大学発ベンチャーが，本書での理解する大学発ベンチャーに該当するわけではない。

表3-3 大学発ベンチャーとされる株式公開ベンチャー

会社名	本社所在地	上場日	市場
株式会社インターアクション	神奈川県横浜市	2001年2月	東証マザーズ
株式会社フェイス	京都府京都市	2001年9月	JASDAQ
アンジェスMG株式会社	大阪府茨木市	2002年9月	東証マザーズ
株式会社ソフトフロント	北海道札幌市	2002年9月	大証ヘラクレス(G)
株式会社トランスジェニック	熊本県熊本市	2002年12月	東証マザーズ
株式会社メディビックグループ	東京都港区	2003年9月	東証マザーズ
株式会社メディネット	神奈川県横浜市	2003年10月	東証マザーズ
株式会社総医研ホールディングス	大阪府豊中市	2003年12月	東証マザーズ
オンコセラピー・サイエンス株式会社	神奈川県川崎市	2003年12月	東証マザーズ
株式会社DNAチップ研究所	神奈川県横浜市	2004年3月	東証マザーズ
株式会社綜合臨床ホールディングス	東京都新宿区	2004年4月	東証マザーズ
株式会社ネットプライスドットコム	東京都渋谷区	2004年7月	東証マザーズ
株式会社LTTバイオファーマ	東京都港区	2004年11月	東証マザーズ
株式会社エフェクター細胞研究所	東京都渋谷区	2005年3月	名証セントレックス
株式会社ディー・ディー・エス	愛知県名古屋市	2005年11月	東証マザーズ
株式会社ドリコム	東京都渋谷区	2006年2月	東証マザーズ
クラスターテクノロジー株式会社	大阪府東大阪市	2006年4月	大証ヘラクレス(G)
株式会社ファーマフーズ	京都府京都市	2006年6月	東証マザーズ
株式会社ミクシィ	東京都渋谷区	2006年9月	東証マザーズ
株式会社ジーエヌアイ	東京都千代田区	2007年8月	東証マザーズ
株式会社ジャパン・ティッシュ・エンジニア	愛知県蒲郡市	2007年12月	JASDAQネオ
ナノキャリア株式会社	千葉県柏市	2008年3月	東証マザーズ
カルナバイオサイエンス株式会社	神戸市中央区	2008年3月	JASDAQネオ

出所:デジタルニューディール研究所,大学発ベンチャー起業支援サイト http://dndi.jp/

学発ベンチャーで株式公開した企業は24社に上るとされる。業種別では，バイオ系17社，IT（ソフト）系6社，その他1社と，バイオ系の企業が半数以上を占める。株式公開を果たした24社の平均売上高は，約14億6000万円，従業員数は，約56人とされる。

4 経済，地域振興施策としての大学発ベンチャー

　1990年代後半以降の日本の大学発ベンチャー急増の背景には，それに先立つ1990年代後半以降の政府による大学発ベンチャー創出促進政策がある（図3-2参照）。大学発ベンチャー育成による，日本経済全体は，もちろん，地域振興施策への波及効果を目的としたものである。

　経済産業省産業技術環境局大学連携推進課編（2006）によると，主要な日本の大学発ベンチャー・産学連携促進政策は，1998年以降，矢継ぎ早に打ち出されている。

　それによると，1998年には，大学等技術移転促進法が制定され，大学などによる技術移転機関（TLO）の設置などが定められた。翌年の1999年には，中小企業技術革新制度（日本版SBIR）が創設されると共に，産業活力再生特別措置法が制定され，日本版バイ・ドール条項の承認と技術移転機関の特許料1/2軽減などが可能となった。さらに，2000年には，産業技術力強化法が策定され，承認，認定TLOの国立大学施設無償使用が許可された。また，国立大学教員による大学発ベンチャー，技術移転機関の役員などの兼業が許可された。続く，2001年には，当時の経済産業大臣の平沼赳夫氏が提唱した「平沼プラン」によって，大学発ベンチャー3年1000社計画が発表されている。

　さらに，この「平沼プラン」発表と同じ，2001年には，経済産業省による産業クラスター計画，続く，2002年には，文部科学省による知的クラスター創成事業が開始された。経済産業省の産業クラスター計画は，「経営者や技術者，研究者，資金提供者といった様々なメンバーが人的ネットワークを形成し，その人的ネットワークの中でメンバーが相互に競争，協調することに

よって，各地域に競争力のある産業クラスターが創出されることを目指すもの」であり，「これらの産業クラスターが苗床となって，中堅，中小企業の新事業展開が促進され，また，大学発ベンチャーが生み出されることが期待される（経済産業省編，2004）」とされる。一方，文部科学省が推進する知的クラスター創成事業は，「地方自治体の主体性を重視し，知的創造の拠点たる大学，公的研究機関等を核とした，関連研究機関，研究開発型企業等による国際的な競争力のある技術革新のための集積（知的クラスター）の創成を目指す（文部科学省編，2002a）」もので，「研究機関等の『知恵』を核とする『人』の集積から始まり，ベンチャー設立等が起爆剤となり，地元企業の活性化，R&D 型企業等の立地が始まり，クラスターとして成長する（文部科学省編，2002b）」とされる。

いずれも，大学発ベンチャーや R&D 型企業といった表現で，ハイテクスタートアップス育成を主要課題とする共通点を有するが，経済産業省の産業クラスター計画と，文部科学省の知的クラスター創成事業の相違点について，文部科学省では「知的クラスターは，地域の大学等の地域的特色のある研究成果と研究人材の存在を基礎としている点において，企業の集積から成る産業クラスターと一線を画している（文部科学省，2002c）」としている。経済産業省の産業クラスター計画は，どちらかというと，民間企業に主眼，文部科学省の知的クラスターは，大学に主眼を置いたプロジェクトといえる。

こうした日本の大学発ベンチャー育成・産学連携推進施策は，アメリカの施策を踏襲したものである。経済産業省産業技術環境局大学連携推進課編（2006）が，アメリカの大学発ベンチャー，産学連携施策の主要なものをまとめたものが，表 3-3 である。アメリカでは，1980 年代から，既に大学発ベンチャーが設立され，1990 年代後半の時点で，数多くの世界的な企業にまで成長した大学発ベンチャーが存在したことは，既に述べたが，これは，アメリカ政府による大学発ベンチャー・産学連携促進政策の後押しが寄与している。

アメリカでは，1980 年に，スティーブンソン・ワイドラー技術革新法，及び，バイ・ドール法，1982 年には，中小企業技術革新法，1986 年には，技術移転法と，1980 年代前半から，大学発ベンチャー・産学連携促進施策

図 3-2　日本の大学発ベンチャー・産学連携推進施策

1998 年
・「大学等技術移転促進法」(TLO 法) 策定
　→【措置内容】TLO (技術移転機関) の整備促進
・「研究交流促進法」改正→【措置内容】産学共同研究に係る国有地の廉価使用許可

1999 年
・『中小企業技術革新制度』(日本版 SBIR) の創設
・「産業活力再生特別措置法」策定→【措置内容】日本版バイ・ドール条項・承認 TLO の特許料 1/2 軽減
・日本技術者教育認定機構 (JABEE) 設立

2000 年
・「産業技術力強化法」策定→【措置内容】承認・認定 TLO の国立大学施設無償使用許可
　　　　　　　　　　　　　　　　　　　国立大学教員の大学発ベンチャー・TLO の役員等の兼業許可

2001 年
・『平沼プラン』で「大学発ベンチャー 3 年 1000 社計画」発表

2002 年
・「蔵管一号」改正→【措置内容】大学発ベンチャーの国立大学施設使用許可
・TLO 法告示改正→【措置内容】承認 TLO の創業支援事業円滑化

2003 年
・「学校教育法」改正→【措置内容】専門職大学院制度創設, 学部・学科設置の柔軟化
　　　　　　　　　　　　　　　　　　アクレディテーション制度導入 (2004 年度から)
・「特別共同試験研究費の総額に係わる税額控除制度」創設
　→【措置内容】産学官連携の共同・委託研究について高い税額控除率 (15%) を設定

2004 年
・「国立大学法人法」施行→【措置内容】教職員身分:「非公務員型」, 承認 TLO への出資
・「特許法等の一部改正法」施行→【措置内容】大学, TLO に係る特許関連料金の見直し

2005 年
・2004 年度末時点で「大学発ベンチャー 1000 社計画」達成 (1,112 社が創出)

出所：経済産業省産業技術環境局大学連携推進課編 (2006), 14 頁。

が進められた (図 3-3 参照)。バイ・ドール法の成立以降, 大学などの研究者がより創業しやすくなった (Stevens, Toneguzzo and Bostrom ed., 2005 他) ことや, 大学発ベンチャーを含む中小企業への支援などが推進された。

　また, 経済産業省による産業クラスター計画, 文部科学省による知的クラスター創成事業については, Cloning Silicon Valley と呼ばれるアメリカのハイテク産業育成を目指したクラスター政策が影響を与えている。アメリカ

表3-3 アメリカの主要な技術移転関連施策

技術政策	概要	意義	効果
スティーブンソン・ワイドラー技術革新法（1980年）	技術移転を連邦政府の任務と定め，政府研究機関が成果の移転を促進する窓口を設置すること等義務化。	政府研究機関における成果の移転を促進する初めての法律。	連邦研究所に技術移転の窓口が整備され，技術移転が活発化。
バイ・ドール法（1980年）	政府の資金による研究開発成果について，研究開発主体である大学，研究機関，企業に知的財産権を付与。	連邦資金により実施された研究の成果の事業化を抜本的に促進。	特に，大学における研究活動が活性化。
中小企業技術革新法（1982年）	研究開発予算の一定割合を中小企業に優先的に配分する制度（SBIR制度）を創設。	中小企業に対して，研究開発資金を安定的に投入することにより，新産業・雇用の創出を促進。	中小・ベンチャー企業の研究活動が活発化。
商標明確化法（改正バイ・ドール法）（1984年）	バイ・ドール法で制限されていた大企業への独占実施権の制約を撤廃し，大企業へ独占実施権設定を可能とした。	連邦資金により実施された研究の成果の事業化を大企業まで拡大。	大企業と大学，非営利研究機関との研究活動が活発化。
技術移転法（1986年）	政府研究機関（政府管理型：GOGO）に対して，共同研究の契約を自由に結び，共同研究者に独占的にライセンスを許諾する権利を付与等。	国研と民間セクターによる新しい官民共同研究制度（CRADAs）を発足。	官民共同研究開発が急速に進展。
国家競争力技術移転法（1989年）	連邦研究所（契約者管理型：GOCO）におけるCRADA，知的財産権の取扱いをGOGOと同様にした。	CRADAをGOCOへ拡大。	官民共同研究開発の一層の発展。
国家技術移転振興法（1995年）	スティーブンソン・ワイドラー技術革新法を改正し，CRADAにより生まれた成果を契約企業が用途限定の独占実施が可能となった。	CRADAの成果が利用しにくいとの批判に応えて，独占実施を許可。	連邦研究所とのCRADA契約が促進。

出所：経済産業省産業技術環境局大学連携推進課編（2006），10頁。

では，ベンチャー企業の創業と集積を通じたハイテク産業の創出によるシリコンバレーの成長を，全米に普及させることを目的としたCloning Silicon Valley政策が，1980年代初頭から実施された（西澤，2005）。こうした政策によって，アメリカでは，シリコンバレーとボストンのルート128以外の多くの都市で，ハイテク産業の集積がみられる。テキサス，オースティン，サンディエゴ，マディソンなどは，その成功事例であり，アメリカ経済は，ベンチャー企業の創業，集積を通じたハイテク産業の地域拡大によって，産業構造と雇用構造を変え，産業競争力の回復と経済再生を実現したとされる（西澤，2005）。

先行研究によると，大学発ベンチャーが，地域振興政策に寄与するとされる理由は，大きく2つある。1つは，大学発ベンチャーによる大学との近接性ニーズである。大学発ベンチャーは，大学の知的財産をもとにしたベンチャーであることから，大学の拠点を置く地域で事業活動することが多い。アメリカでは，2007年度に555社の大学発ベンチャーが設立されたが，その内，402社，全体の72％が，大学のある同じ州で設立されている（Tieckelmann, Kordal and Bostrom ed., 2008）[15]。さらに，Robert（1991）は，大学発ベンチャーは，研究開発がこれまで行われた研究室のすぐ近くで設立されるケースが多数あると指摘している。

著者が，アメリカの大学発ベンチャーを対象として行った調査では，研究開発，資金調達，顧客獲得のそれぞれのビジネス活動の拠点について，本社所在の市レベル，州レベル，州外，アメリカ外のそれぞれの地域で，どの程度活動しているかについて質問したところ，研究開発，資金調達については，本社所在の市が，最も多く，顧客獲得については，本社所在の州が最も多いという結果となっている（表3-4参照）[16]。

---

[15] こうした大学発ベンチャーの地域への密着性については，比較的企業規模が，小さいときには，かなり高い一方，大学発ベンチャーが成長し，企業規模が，大きくなった場合には，その密着性は若干薄れる。イギリス，ケンブリッジにおいて，大学発ベンチャーなどハイテクスタートアップスを対象としたビジネスを手がける弁理士に対するヒヤリングでは，ケンブリッジでは，多数のハイテクスタートアップス，大学発ベンチャーが，創出されているが，これら企業の一部では，規模が大きくなると，アメリカ市場に拠点を移すことや，他社への売却によって，ケンブリッジから拠点を移すことがあり，この点を自らの事業遂行における阻害要因として指摘している。

[16] 質問票調査は，まず，アメリカの大学，政府機関，民間インキュベータなどのウェブ公開情報，

第3章 日米欧の大学発ベンチャーと育成施策

表3-4 アメリカの大学発ベンチャーのビジネス活動の拠点

	本社所在の市	本社所在の州	本社所在州の外	外国
研究開発	4.39(1.26)	1.25(1.26)	0.83(0.98)	2.85(2.26)
資金調達	2.75(2.05)	2.28(1.74)	1.07(1.24)	2.60(2.03)
顧客獲得	1.87(1.68)	2.64(1.81)	1.58(1.34)	1.92(1.64)

注：数値は，選択肢として，(1) 0%，(2) 0-19%，(3) 20-50%，(4) 51%-70%，(5) 70%以上の5段階とした平均値。また，(　)内の数値は標準偏差。対象企業数は，56。

　大学発ベンチャーを設立した大学研究者は，研究者として当該事業へ関与し続けるために，自らの研究室を使って，追加的な研究を行うことが多いなどの理由があろう（Brett, Gibson and Smilor eds., 1991; Robert, 1991）。当然ながら，物理的に近い方が追加的な応用研究を行いやすい。大学発ベンチャーは，大学との間で，技術面での深い関係を有するがゆえに，必然的に地域に根差す起業といえる。
　第2に，有望な大学発ベンチャーの存在が，大学発ベンチャーの成長に寄与する外部資源としてのベンチャーキャピタリスト，弁理士・特許事務所，弁護士・法律事務所，公認会計士・会計事務所などを地域に呼び寄せ，地域の起業環境を向上させる機能がある。
　Audretsch and Stephan（1996）は，バイオテクノロジー産業における研究者と企業との地理的な関係についての研究を行い，大学発ベンチャーは，基盤となる技術の研究者の所属する大学が位置する地域において，応用研究を行うため，大学発ベンチャーを中心としたクラスターを形成する傾向がある。特に，スター研究者は，ハイテクスタートアップスに加えて，ベンチャーキャピタリストなども，大学の近くに呼び寄せることにつながり，大学を中

電話などによる問い合わせをもとに，大学発ベンチャーと思われるベンチャー企業916社を抽出した。この916社に対して，郵送で，2006年10月に送付し，2007年1月までに117社の回答を得た（回答率12%）。質問表調査の郵送後，回答のない企業に対しては，電話，及び，電子メールによる督促，及び，フォローアップ調査を実施した。この内，設立後10年以内，法的に保護された大学の知的財産権としての特許をベースとした事業，また，法的には保護されていないものの大学の研究成果としての「技術」「ノウハウ」をベースとした事業，共同研究などの機会を通じて大学の「技術」「ノウハウ」を導入した，と回答した未上場企業56社を大学発ベンチャーと理解し，分析の対象とした。

心とする大学発ベンチャー創出に寄与するインフラの構築を促すと指摘する (Audretsch and Stephan, 1996; Audretsch and Stephan, 1998)。

5 日米欧の大学発ベンチャーと育成施策―章括―

本章では，アメリカ，ヨーロッパ，日本の大学発ベンチャーの現状とその育成施策について論じた。

アメリカには，世界的な企業へと急成長を遂げた大学発ベンチャーは数多い。事実，大学発ベンチャーでは，グーグル，シスコシステムズ，ヒューレット・パッカード，クアルコムらが，アメリカの企業時価総額ランキングの上位に名を連ねている。

ヒューレット・パッカードの事例からもわかるようにアメリカでは，半世紀以上前から，大学の技術の事業化において，大学発ベンチャーという手法が，成果を挙げてきた。ただ，その活動が活発化，定着する状況が生まれたのは，1980年代以降のことであり，そのきっかけとなったのが，1980年に成立したバイ・ドール法である。バイ・ドール法が成立したことによって，連邦政府の資金による研究成果から生まれた特許権を大学が保有することが認められた。これにより，創業に伴う知的財産の取り扱いが簡素化され，大学などの研究者がより創業しやすくなったとされる (Stevens, Toneguzzo and Bostrom ed., 2005 他)。

アメリカでは，1980年から2003年までに，4543社の大学発ベンチャーの設立が確認されている。また，2007年1年間に設立された大学発ベンチャーは，555社に上る。1980年以降の毎年の大学発ベンチャー設立件数をみると，2000年代前半以降に，大学発ベンチャーの設立数は増加している。

先端技術の事業化，商業化における競争環境の変化や，その変化を体現するアメリカの急成長大学発ベンチャーによる成果は，ヨーロッパの主要国において，大学発ベンチャー・産学連携施策の推進を加速させた。ヨーロッパの主要国の大学発ベンチャーの設立数について，Wright, Clarysse, Mustar and Lockett (2007) は，イギリスの1650社 (1981年から2003年まで)，ドイツの

470社から4000社（1997年から1999年）をはじめ，フランスは，1230社（1984年から2003年），オランダは，300社（1980年から1990年代まで），ベルギーは，320社（1980年から2005年），スウェーデンは，3000社から5000社（1990年代まで）とのデータを示している。

　一方，日本においては，1990年代後半以降，大学発ベンチャーの設立が急増した。株式会社日本経済研究所編（2009）によると，その直接効果は，市場規模は2659億円，雇用者数は1万7186人と推計，さらに，経済波及効果は，4803億円，雇用誘発効果は，3万3000人と推計している。1800社以上に上る日本の大学発ベンチャーの中から，株式公開を果たした大学発ベンチャーも，20社を超えた。2000年代以降の日本の大学発ベンチャー急増の背景には，それに先立つ1990年代後半以降の政府による大学発ベンチャー創出促進政策がある。大学発ベンチャー育成による日本経済の再活性化はもちろん，地域振興施策への波及効果を目的としたものである。

　大学発ベンチャーが，地域振興施策に寄与するとされる理由は，大きく2つある。1つは，大学発ベンチャーによる大学との近接性ニーズである。大学発ベンチャーは，大学の知的財産をもとにしたベンチャーであることから，大学の拠点を置く地域で事業活動することが多い。第2に，有望な大学発ベンチャーの存在が，大学発ベンチャーの成長に寄与する外部資源としてのベンチャーキャピタリスト，弁理士・特許事務所，弁護士・法律事務所，公認会計士・会計事務所などを地域に呼び寄せる。

第4章

転換点を迎えた日本の大学発ベンチャー

1 "成長の壁"に直面する日本の大学発ベンチャー

　1990年代後半以降，急速に設立数を増加させた日本の大学発ベンチャーだが，2000年代後半に入って転換点を迎えている。大学発ベンチャーの新規設立の減少と倒産，廃業数の増加が進んでいる他，株式公開を果たす大学発ベンチャーの頭打ち傾向，さらには，株式公開を果たした企業においても，その後の成長が鈍化しているのである。

　まず，大学発ベンチャーの新規設立の減少と廃業数の増加だが，大学発ベンチャーの設立数については，累積数自体は，増加しているものの，年別の新規の大学発ベンチャー創出数は，2004年度をピークに年々減少傾向にある一方，廃業数は，年々増加傾向にある（図4-1参照）。

　ベンチャーエンタープライズセンターベンチャービジネス動向調査研究会編 (2009) は，「大学発ベンチャーの中で，廃業に追い込まれる企業数が，近時倍増ペースで増加傾向 (ベンチャーエンタープライズセンターベンチャービジネス動向調査研究会編，2009：16)」にあるとした上で，「このペースでいくと廃業がいずれ100社まで膨れ，廃業数が新規設立数を上回る (ベンチャーエンタープライズセンターベンチャービジネス動向調査研究会編，2009：16)」と指摘している。廃業数が，新規設立数を上回ると，大学発ベンチャーの絶対数が減少し始めることとなる。

　また，株式公開を果たす大学発ベンチャーの頭打ち傾向もみられる。経済産業省の定義を基にしたものだが，日本では，20社を超える大学発ベンチャーが，株式公開を果たしている。また，累積ベースで1800以上の大学発ベンチャーが誕生するなど，その底辺は広がりを見せている。しかしなが

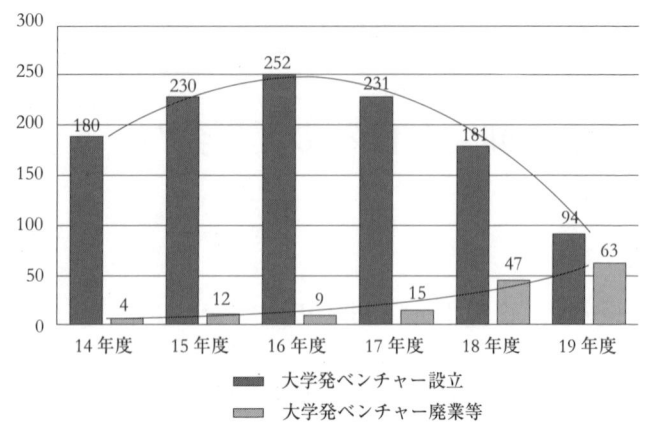

図 4-1　大学発ベンチャーの設立及び廃業の推移

ベンチャーエンタープライズセンターベンチャービジネス動向調査研究会編 (2009), 17頁。

注：廃業等：他社と合併し, 消滅した大学発ベンチャーと倒産, 清算など, 活動停止した大学発ベンチャーで, その年度に廃業が把握できた数（その年度に廃業した数とは必ずしも一致しない）

ら, 株式公開を果たした大学発ベンチャーは, 2006年の4社を最高に, 2007年, 2008年は, 2社ずつと, 母数となる累積設立企業数が増加する中で, 上場を果たす大学発ベンチャー数は, 増加していない。

さらに, 株式公開を果たした企業でさえも, 株式公開後, "成長の壁"に直面している。株式公開を果たした日本の大学発ベンチャーにおける時価総額は, 高い会社で約400億, 低い会社で数十億円となっている[1]。また, 株式公開直後の時価総額よりも, その後の時価総額が減少している大学発ベンチャーは多い。1400億ドルを超える時価総額を誇るグーグルとは比べるべくもないが, 大学発ベンチャーから世界企業へとの急成長を遂げたアメリカの大学発ベンチャーと比較すると, 日本の大学発ベンチャーは, まだ, 発展途上の段階と言える。

---

[1] 2009年9月時点の時価総額は, オンコセラピー・サイエンス株式会社が, 395億1500万円, アンジェスMG株式会社が, 約190億円, 株式会社メディネットが約98億円, 株式会社ECIが, 約68億円, ナノキャリア株式会社が47億円, 株式会社トランスジェニックが, 24億円 (http://finance.yahoo.co.jp/ のデータをもとに作成)。

他の産学連携促進施策における成果と比較すると，大学発ベンチャーの現況の厳しさが浮き彫りとなる。大学発ベンチャー・産学連携促進施策の成果を定量的に把握する指標としては，大学発ベンチャー創業数に加えて，共同研究，受託研究の件数，及び，金額，技術移転の件数，及び，金額などがあろう。

　文部科学省編（2009）によると，共同研究については，2008年度の実績で，件数は1万7638件，共同研究の実施に伴い受入れた研究費総額は約438億円と，いずれも過去最高となっている。一方，受託研究は，2008年度の実績で，1万9201件，受託研究の実施に伴い受け入れた研究費総額は約1700億円と，いずれも過去最高となっている（表4-1，表4-2参照）（文部科学省編，2009）。

　技術移転の内，特許権実施状況では，2008年度の実績で，5306件となり，2003年以降年々増加している。収入額については，約9.9億円，また，特許権以外の知的財産権などによる収入を合算すると，約24億円といずれも過去最高を記録している（表4-3，表4-4参照）（文部科学省，2009）。

　共同研究，受託研究，技術移転などの，大学発ベンチャー以外の産学連携活動は，ピークアウトせず，年々成果を上積している。一方，大学発ベンチャーは，設立数をみても，2004年がピークであり，その後は減少傾向にある。また，廃業する大学発ベンチャーも急速に増加している。日本の大学発ベンチャー促進施策は，再構築が求められている状況がうかがえる。

表 4-1 共同研究の実施件数，金額，相手先の動向

	区分	件数						金額（千円）					
		2003年度	2004年度	2005年度	2006年度	2007年度	2008年度	2003年度	2004年度	2005年度	2006年度	2007年度	2008年度
国立大学等	民間企業	6,411	7,774	9,658	10,563	11,681	12,286	12,562,293	16,230,086	20,926,552	23,225,569	25,650,533	27,857,033
	公益法人等	1,274	1,217	1,178	1,244	1,316	1,373	4,543,961	4,841,091	5,372,855	5,920,045	6,017,364	6,321,922
	地方公共団体	281	283	311	317	288	277	379,670	414,355	459,236	430,171	464,939	476,418
	その他	57	104	215	281	369	367	108,764	444,530	730,327	727,018	973,129	1,558,543
	合計	8,023	9,378	11,362	12,405	13,654	14,303	17,594,688	21,930,062	27,488,970	30,302,803	33,105,965	36,213,916
私立大学等	民間企業	538	743	964	1,341	1,470	1,774	2,194,502	2,758,069	3,041,924	4,050,678	4,290,215	4,464,362
	公益法人等	199	133	140	207	228	282	563,385	734,173	713,431	682,101	886,439	899,115
	地方公共団体	36	35	22	33	33	51	27,214	51,477	35,056	127,761	110,547	50,770
	その他	77	27	39	74	60	100	408,924	63,500	54,359	91,587	285,210	242,234
	合計	850	938	1,165	1,655	1,791	2,207	3,194,025	3,607,219	3,844,770	4,952,127	5,572,411	5,656,481
公立大学等	民間企業	299	347	432	585	639	914	416,035	612,980	888,299	1,308,711	1,136,625	1,585,322
	公益法人等	50	48	35	83	74	145	188,716	165,225	73,632	241,357	218,577	273,215
	地方公共団体	10	11	11	18	28	37	11,134	46,459	17,787	16,989	29,470	26,232
	その他	23	6	15	11	25	32	216,225	13,884	29,817	21,162	62,635	69,200
	合計	382	412	493	697	766	1,128	832,110	838,548	1,009,535	1,588,219	1,447,307	1,953,969
総計	民間企業	7,248	8,864	11,054	12,489	13,790	14,974	15,172,830	19,601,135	24,856,775	28,584,958	31,077,373	33,906,717
	公益法人等	1,523	1,398	1,353	1,534	1,618	1,800	5,296,062	5,740,489	6,159,918	6,843,503	7,122,380	7,494,252
	地方公共団体	327	329	344	368	349	365	418,018	512,291	512,079	574,921	604,956	553,420
	その他	157	137	269	366	454	499	733,913	521,914	814,503	839,767	1,320,974	1,869,977
	合計	9,255	10,728	13,020	14,757	16,211	17,638	21,620,823	26,375,829	32,343,275	36,843,149	40,125,683	43,824,366

出所：文部科学省編（2009）

第4章 転換点を迎えた日本の大学発ベンチャー

表4-2 受託研究の実施件数、金額、相手先の動向

		件数						金額（千円）					
区分		2003年度	2004年度	2005年度	2006年度	2007年度	2008年度	2003年度	2004年度	2005年度	2006年度	2007年度	2008年度
国立大学等	民間企業	1,194	1,563	1,548	1,562	1,683	1,650	2,737,454	4,953,573	3,970,327	3,856,591	4,290,700	4,298,622
	国	3,883	1,844	2,219	2,204	2,303	2,375	51,615,505	45,838,720	54,850,283	55,843,959	62,264,380	60,896,643
	公益法人等	1,376	3,626	4,436	5,362	5,511	5,509	5,129,829	24,061,569	35,971,170	47,715,262	58,089,409	65,132,624
	地方公共団体	510	671	642	762	838	823	1,023,745	1,670,126	1,342,975	1,817,621	2,163,528	2,158,496
	その他	23	123	163	192	249	325	511,121	723,346	1,011,008	928,983	1,060,002	1,095,396
	合計	6,986	7,827	9,008	10,082	10,584	10,682	61,017,654	77,247,334	97,145,763	110,162,416	127,868,019	133,581,781
私立大学等	民間企業	3,796	4,175	4,249	4,158	3,917	3,872	7,438,297	7,054,485	7,570,051	7,029,633	6,650,523	6,338,222
	国	296	273	461	381	461	681	7,353,516	6,869,078	8,331,350	9,111,298	9,013,037	9,341,673
	公益法人等	1,049	1,104	1,360	1,442	1,600	1,809	4,564,756	5,054,256	8,364,279	9,149,069	10,920,801	13,243,599
	地方公共団体	412	443	480	531	548	562	1,004,877	1,398,624	1,318,009	1,349,732	962,203	989,904
	その他	218	245	246	264	253	304	1,115,850	571,367	488,278	728,663	616,133	724,394
	合計	5,771	6,240	6,796	6,776	6,779	7,228	21,477,296	20,947,810	26,071,967	27,368,395	28,162,697	30,637,793
公立大学等	民間企業	467	621	495	459	405	423	870,067	702,253	748,881	819,408	586,387	691,667
	国	81	72	76	81	77	91	1,295,893	752,657	447,367	700,856	677,843	1,186,468
	公益法人等	252	285	341	422	499	548	826,998	1,247,697	1,537,200	2,616,099	3,140,646	3,519,667
	地方公共団体	70	69	80	133	151	169	90,756	156,460	185,657	228,348	241,894	251,284
	その他	159	122	164	92	30	60	325,695	173,111	342,912	139,838	67,643	150,816
	合計	1,029	1,169	1,156	1,187	1,162	1,291	3,409,409	3,032,178	3,262,017	4,504,549	4,714,413	5,799,902
総計	民間企業	5,457	6,359	6,292	6,179	6,005	5,945	11,045,818	12,710,311	12,289,259	11,705,632	11,527,610	11,328,511
	国	4,260	2,189	2,756	2,666	2,841	3,147	60,264,914	53,460,455	63,629,000	65,656,113	71,955,260	71,424,784
	公益法人等	2,677	5,015	6,137	7,226	7,610	7,866	10,521,583	30,363,522	45,872,649	59,480,430	72,150,856	81,895,890
	地方公共団体	992	1,183	1,202	1,426	1,537	1,554	2,119,378	3,225,210	2,846,641	3,395,701	3,367,625	3,399,624
	その他	400	490	573	548	532	689	1,952,666	1,467,824	1,842,198	1,797,484	1,743,778	1,970,606
	合計	13,786	15,236	16,960	18,045	18,525	19,201	85,904,359	101,227,322	126,479,747	142,035,360	160,745,129	170,019,475

出所：文部科学省編 (2009)

表4-3 特許権実施等件数及び収入の推移

区分	国立大学等			私立大学等			公立大学等			計		
	件数	収入	前年比	件数	収入	前年比	件数	収入	前年比	件数	収入	前年比
2003年度	79	427,655		106	115,569		0	0		185	543,224	
2004年度	223	415,997	0.97倍	247	124,893	1.08倍	7	1,619	—	477	542,509	1.00倍
2005年度	932	436,586	1.05倍	317	200,207	1.60倍	34	1,870	1.16倍	1,283	638,663	1.18倍
2006年度	2,026	566,646	1.30倍	809	217,068	1.08倍	37	17,625	9.43倍	2,872	801,339	1.25倍
2007年度	3,204	571,387	1.01倍	1,110	172,056	0.79倍	76	31,004	1.76倍	4,390	774,447	0.97倍
2008年度	4,233	769,858	1.35倍	976	194,824	1.13倍	97	21,299	0.69倍	5,306	985,981	1.27倍

単位：千円
注：特許実施等件数は特許権（受ける権利を含む）のみを対象とし、実施許諾及び譲渡件数を計上
出所：文部科学省編（2009）

表4-4 特許権及びその他知財実施料収入

区分	国立大学等	私立大学等	公立大学等	計
2005年度	649,488	214,790	7,120	871,398
2006年度	1,539,495	237,984	19,336	1,796,815
2007年度	1,610,304	209,551	37,202	1,857,057
2008年度	2,103,518	238,562	41,213	2,383,293

単位：千円
注：その他知的財産とは，実用新案権，意匠権，著作権，ノウハウ等
出所：文部科学省編（2009）

2 日本の大学発ベンチャーの経営課題

"成長の壁"に直面する日本の大学発ベンチャーは，いかなる経営課題を抱えているのであろうか。以下では，ベンチャー一般，ハイテクスタートアップス，大学発ベンチャーなどの経営課題についての先行研究について概観した上で，本書が実施した日本，及び，イギリスの大学発ベンチャーに対する質問票調査をもとに論じる。

(1) 大学発ベンチャーの経営課題

Flamholtz and Randle（1998）は，一般的なベンチャーのライフサイクルとして，ベンチャーの創設，事業拡大，プロフェッショナリゼーション，コンソリデーション，多角化，統合，衰退，再活性化，という7つの段階[2]を指摘すると共に，メーカーを念頭に，100万ドル以下までをニューベンチャーの創設段階，100万から1000万ドルまでを事業拡大段階と，売上規模で分類している。その上で，ベンチャーの創設段階の経営課題として，「市場と製品」，事業拡大段階の経営課題として，「資源とオペレーションシステム」

---

[2] ベンチャーの成長段階を巡っては，Shane（2003）が，起業機会の存在，起業機会の発見，起業機会探究の決定，資源獲得，起業戦略，組織化プロセス，成果というプロセスで捉えることができると指摘している。

を指摘している。

　Timmons (1994) は，スタートアップ前，スタートアップ・サバイバル期（創業から3年），成長初期（4年から10年まで），成熟期（10年から15年），収穫・安定期（15年から20年）と設立からの経過年数をベースとした5つの段階を指摘し，この内，スタートアップ前の中心的課題として，「起業家，創業者の全面的な献身の有無」「営業能力の有無」「ビジネスプランの実現性」「マネジメントの能力，経験」などを指摘している。

　ハイテクベンチャーについては，Pfirrmann, Wupperfeld and Lerner (1997) が，新技術ベンチャーにおける資金需要に着目し，その成長段階について，設立フェーズ，R&Dフェーズ，市場参入フェーズ，成長フェーズ，安定成熟フェーズの5つのフェーズを指摘すると共に，R&Dフェーズ，市場参入フェーズにおける「資金調達」の困難さを指摘している。

　Hanks and Chandler (1995) は，ハイテクスタートアップスの成長段階について，スタートアップ段階，製品化段階，成長段階，統合段階の4つの段階に分類した上で，スタートアップ段階の経営課題として，「マーケットニッチの決定」「資源獲得」「試作品製作」，製品化段階の経営課題として，「ある程度の数量の製造」「基礎的なタスク構造を作り上げること」「顧客獲得」，成長段階の経営課題として，「ボリュームの製造」「流通」「キャパシティの拡大」「適当な資源の確保」「規模の経済の展開」「運用システムの構築」「機能機器の克服」を指摘する。

　桐畑 (2005) は，新技術ベンチャーの成長段階について，基礎研究段階，製品化段階，事業化段階の3つに分類すると共に，基礎研究段階における「市場ニーズの明確化及び共有化に向けた取組み」，製品開発段階における「トップダウン型経営」「市場ニーズの明確化及び共有化」，事業化段階における「公認会計士，ベンチャーキャピタリスト，弁護士などの外部専門家との連携」の重要性を指摘している。

　大学発ベンチャーについては，Shane (2004) が，大学発ベンチャー設立前段階，設立後（追加的技術開発段階，技術のための市場開発段階）の3つの段階に分類した上で，追加的技術開発段階では，「原理の検証」「市場環境への技術の適応」「支援技術の追加」「使い勝手の改善」，また，技術のための市場開

発段階においては,「市場情報の収集」「ニーズの特定」「顧客からのフィードバック」などのステップの重要性を指摘している[3]。

株式会社日本経済研究所編 (2009) は,日本の大学発ベンチャーを対象とした質問票調査結果をもとに,大学発ベンチャーの主要な経営課題として,「人材の確保,育成が難しい」「資金調達が難しい」「販路の開拓,顧客の確保が難しい」を指摘している。筑波大学産学リエゾン共同研究センター編 (2006) は,日本の大学発ベンチャーを対象とした質問票調査結果から,大学,高専発ベンチャーの設立時の主要な課題として,「資金調達」「スタッフの確保」「財務,会計マネジメント」を指摘している。

(2) 質問票調査からみた日英の経営課題認識

本書では,日本と,その比較対象としてのイギリスの大学発ベンチャーを対象として,創業期,及び,現状の経営課題に関する質問票調査を行った。対象企業は,以下の通りである。

対象企業の特性

日本の対象企業は,日本経済新聞社編 (2005),日本半導体ベンチャー協会編 (2006),医薬経済社編 (2005),平成18年度経済産業省認定ベンチャーなどの企業一覧リストやウェブ公開情報をもとに,大学との間において技術面で関係があり,大学発ベンチャーと想定されるベンチャー企業1298社を抽出した。質問票調査は,この1298社に対して,郵送で,2008年4月下旬から5月上旬にかけて送付し,426の回答を得た (回答率32.82％)。質問表調査の郵送後,回答のない企業に対しては,5月上旬から下旬にかけて,電話,及び,電子メールによる督促,及び,フォローアップ調査を実施した。この内,設立後10年以内,法的に保護された大学の知的財産権としての特許をベースとした事業,また,法的には保護されていないものの大学の研究成果

---

[3] 大学発ベンチャーの成長段階について,Clarysse and Moray (2004) は,「アイディア段階」「プレスタートアップ段階」「スタートアップ段階」「ポストスタートアップ段階」に分け,会社設立前により比重を置いた分類を提示している。

としての「技術」「ノウハウ」をベースとした事業，共同研究などの機会を通じて大学の「技術」「ノウハウ」を導入したと回答した未上場企業234社を大学発ベンチャーと理解し，質問票，及び，ヒヤリング調査を実施した。

イギリスについては，イギリスサイエンスパーク協会（The United Kingdom Science Park Association），イギリスビジネス，インキュベーション（The United Kingdom Business Incubation），イギリス大学学長委員会（The Committee of Vice-Chancellors and Principals of the Universities of the United Kingdom Universities UK office）などのウェブ公開情報をもとに，大学との間において技術面で関係があり，大学発ベンチャーと想定されるベンチャー企業851社を抽出した。抽出に当たっては，イギリスの各大学，関連サイエンスパークの管理者などへの問い合わせを行った。質問票調査は，この851社に対して，郵送で，2005年11月下旬から12月下旬にかけて送付し，74の回答を得た（回答率8.6％）。質問表調査の郵送後，回答のない企業に対しては，1月中旬から下旬にかけて，電話，及び，電子メールによる督促及びフォローアップ調査を実施した。本書では，この内，設立後10年以内，法的に保護された大学の知的財産権としての特許をベースとした事業，また，法的には保護されていないものの大学の研究成果としての「技術」「ノウハウ」をベースとした事業，共同研究などの機会を通じて大学の「技術」「ノウハウ」を導入したと回答した未上場企業41社を大学発ベンチャーと理解し，質問票及びヒヤリング調査を実施した[4]。

日本とイギリスの対象大学発ベンチャーの業種は表4-5の通りである。対象企業においては，日本，イギリス共に，バイオ系のパーセンテージが高い。また，日本とイギリスの対象大学発ベンチャーにおける創業時の主力製品・サービスの成長段階について比較した結果は表4-6の通りである。質問票調査における選択肢は，「1. 研究開発の初期段階」，「2. 研究開発途中の段階」，「3. 試作品を完成又は試験販売中」，「4. 製品化にめどが立った段階」，「5.

---

4) イギリスの大学発ベンチャー対象企業の所在地は，イングランドが78.05％（内，ロンドン2.44％，サウスイースト9.76％，イースト31.71％，サウスウェスト12.20％，ウェストミッドランド7.32％，イーストミッドランド7.32％，ノースウェスト7.32％，ヨークシャー及びノースイースト0％），スコットランドが17.07％，ウェールズが2.44％，北アイルランドが2.44％である。

表 4-5　対象企業の業種

		日本	イギリス
バイオ系		39.74	46.34
IT系	ハード系	7.26	9.76
	ソフト系	21.37	29.27
その他	素材	14.53	0.00
	機械系	16.67	7.32
	環境系	15.81	4.88
	エネルギー系	8.97	2.44
	教育系	—	0.00
	その他	10.26	14.63

注：数値はパーセント。対象企業数は，日本234，イギリス41。複数回答であることから，合計のパーセントは100を超える。

表 4-6　創業時と現在における主力製品・サービスの成長段階

	創業時	現在
日本	2.489 (1.666)	4.690 (1.695)
イギリス	2.474 (1.720)	4.079 (1.761)

注：数値は，平均値(標準偏差)，対象企業数は，日本234，イギリス41。

製品又はサービスとして販売(単年度赤字)」，「6. 製品又はサービスとして販売(単年度黒字だが累積損失あり)」，「7. 製品又はサービスとして販売(単年度黒字で累積損失なし)」の7段階とした[5]。対象企業においては，日本が，創業時，現在共に，若干後期である。

次に，日本及びイギリスの大学発ベンチャーを対象として，創業時，及び，現在の経営課題について質問した。経営課題に関する選択肢は，株式会社日本経済研究所編(2009)，筑波大学産学リエゾン共同研究センター編(2006)などをもとに，「人材」「研究開発」「資金調達」「顧客・販路」「オフィス」「大学連携」とした。

---

[5] 成長段階については，資金調達と業績をベースとした分類であるMaison and Harrison (1999) の分類を採用している。

表 4-7　創業時の経営課題

	人材	研究開発	資金調達	顧客・販路	オフィス	大学連携
日本	1.235 (1.108)	0.701 (1.038)	1.594 (1.271)	1.205 (1.208)	0.462 (0.855)	0.265 (0.740)
イギリス	0.659 (1.015)	0.683 (1.011)	1.927 (1.253)	1.000 (1.072)	0.366 (0.799)	0.463 (1.075)

注：数値は，上段は，平均値，下段は，(標準偏差)。対象企業数は，日本234，イギリス41。平均値，及び，標準偏差は，最も困難な経営課題を3ポイント，二番目を2ポイント，三番目を1ポイントとしての平均値と標準偏差，回答者は，該当する項目の上位3つを選択する形式。

表 4-8　現在の経営課題

	人材	研究開発	資金調達	顧客・販路	オフィス	大学連携
日本	1.491 (1.180)	0.701 (0.924)	1.496 (1.251)	1.517 (1.191)	0.192 (0.580)	0.111 (0.450)
イギリス	0.488 (0.978)	0.976 (1.060)	1.146 (1.352)	1.366 (1.220)	0.634 (1.067)	0.098 (0.374)

注：数値は，上段は，平均値，下段は，(標準偏差)。対象企業数は，日本234，イギリス41。平均値，及び，標準偏差は，最も困難な経営課題を3ポイント，二番目を2ポイント，三番目を1ポイントとしての平均値，標準偏差，回答者は，該当する項目の上位3つを選択する形式。

　日本の大学発ベンチャーの経営課題は，創業時では，「資金調達」「人材」「顧客・販路」，質問票調査時点の経営課題としては，「顧客・販路」「資金調達」「人材」となった。一方，イギリスの大学発ベンチャーの経営課題として，創業時では，「資金調達」「人材」「顧客・販路」，質問票調査時点の経営課題として，「顧客・販路」「資金調達」「研究開発」となった（表4-7，表4-8）。

　論ずべきは，日本の大学発ベンチャーは，「研究開発」を経営課題と認識するパーセンテージが低い。技術開発が主流となるべき創業時においても，最も多い「資金調達」のポイントの1.594の半分以下の0.701となっている。また，イギリスにおける質問票調査時点の経営課題としての「研究開発」が，第3位にランクされたことと比較すると，日本とイギリスには，相違が存在する。

　全体の傾向として，日本の大学発ベンチャーは，「研究開発」「オフィス」「大学連携」よりも，「顧客・販路」「資金調達」「人材」を主要な経営課題と認

識している。

3 転換点を迎えた日本の大学発ベンチャー—章括—

　本章では，転換点を迎えた日本の大学発ベンチャーの現状を概観すると共に，その経営課題について論じた。

　1990年代後半以降，急速に設立数を増加させた日本の大学発ベンチャーだが，多くの経営課題に直面し，転換点を迎えている。2000年代後半に入って，大学発ベンチャーの新規設立の減少と倒産，廃業数の増加が進んでいる他，株式公開を果たす大学発ベンチャーの頭打ち傾向，さらには，株式公開を果たした企業においても，その後の成長が鈍化している。

　他の産学連携促進施策における成果と比較すると，共同研究，受託研究，技術移転などの，大学発ベンチャー以外の産学連携活動は，ピークアウトせず，年々成果を上積している一方，日本の大学発ベンチャーは，設立数をみても，2004年がピークであり，その後は，減少傾向にある。また，廃業する大学発ベンチャーも急速に増加している。

　日本とイギリスの大学発ベンチャーを対象とした質問票調査によると，日本の大学発ベンチャーは，「顧客・販路」「資金調達」「人材」を主要な経営課題と認識している。

第 5 章

日本の大学発ベンチャーにおける顧客，資金，人材

　なぜ，日本においては，アメリカのように，急成長大学発ベンチャーが輩出されないのであろうか。本章以降では，日本の大学発ベンチャーの主要な経営課題について論じる。

　本章では，日本の大学発ベンチャーにおける経営課題認識の上位「顧客・販路」「資金調達」「人材」の3つに着目し，日本，及び，イギリス，アメリカの大学発ベンチャーに対する質問票調査結果を示す[1]。「顧客・販路」については，「市場・顧客」，及び，「市場・顧客調査の実施時期」の現況，「資金調達」については，「資金調達の困難な時期」及び「株式公開による資金調達の意向」の現況，「人材」については，「経営陣の外部採用」及び「経営陣のビジネス経験」の現況について示す。

---

1) 　日本の対象企業は，日本経済新聞社編 (2005)，日本半導体ベンチャー協会編 (2006)，医薬経済社編 (2005)，平成18年度経済産業省認定ベンチャーなどの企業一覧リストやウェブ公開情報をもとに，大学との間において技術面で関係があり，大学発ベンチャーと想定されるベンチャー企業1298社を抽出した。質問票調査は，この1298社に対して，郵送で，2008年4月下旬から5月上旬にかけて送付し，426の回答を得た（回答率 32.82％）。質問表調査の郵送後，5月上旬から下旬にかけて，回答のない企業に対しては，電話，及び，電子メールによる督促，及び，フォローアップ調査を実施した。この内，設立後10年以内，法的に保護された大学の知的財産権としての特許をベースとした事業，また，法的には保護されていないものの大学の研究成果としての「技術」「ノウハウ」をベースとした事業，共同研究などの機会を通じて大学の「技術」「ノウハウ」を導入したと回答した未上場企業234社を大学発ベンチャーと理解し，分析の対象とした。

　　イギリスの対象企業は，イギリスサイエンスパーク協会 (The United Kingdom Science Park Asso-ciation)，イギリスビジネス，インキュベーション (The United Kingdom Business Incubation)，イギリス大学学長委員会 (The Committee of Vice-Chancellors and Principals of the Universities of the United Kingdom Universities UK office) などのウェブ公開情報をもとに，大学との間において技術面で関係があり，大学発ベンチャーと想定されるベンチャー企業851社を抽出した。抽出に当たっては，イギリスの各大学，関連サイエンスパークの管理者などへの問い合わせを行った。質問票調査は，この851社に対して，郵送で，2005年11月下旬から12月下旬に

1 顧客・販路

顧客・販路については，「市場・顧客」及び「市場調査の実施時期」の現況について示す。

(1) 市場・顧客

表 5-1 は，日本，及び，イギリス，アメリカの大学発ベンチャーに対して，現在の顧客，及び，将来の顧客希望について質問した結果を示したものである。顧客に関する選択肢は，大学，大学以外研究機関，国・地方自治体，大企業，中小企業，一般消費者としている。

表 5-1 の通り，日本の大学発ベンチャーの現在の顧客は，大学（平均値：1.432），大学以外研究機関（1.261），国・地方自治体（1.209），大企業（1.675），中小企業（1.453），一般消費者（1.184）と，大企業が最も多く，中小企業，大学と続く。イギリスは，大学（平均値：1.122），大学以外研究機関（1.146），国・地方自治体（1.195），大企業（1.732），中小企業（1.244），一般消費者（1.220）と，大企業が最も多く，中小企業，一般消費者と続く。アメリカは，大学（平均値：1.089），大学以外研究機関（1.054），国・地方自治体（1.161），大企業

かけて送付し，74 の回答を得た（回答率 8.6%）。質問表調査の郵送後，1 月中旬から下旬にかけて，回答のない企業に対しては，電話，及び，電子メールによる督促，及び，フォローアップ調査を実施した。本書では，この内，設立後 10 年以内，法的に保護された大学の知的財産権としての特許をベースとした事業，また，法的には保護されていないものの大学の研究成果としての「技術」「ノウハウ」をベースとした事業，共同研究などの機会を通じて大学の「技術」「ノウハウ」を導入したと回答した未上場企業 41 社を大学発ベンチャーと理解し，分析の対象とした。

アメリカの対象企業は，アメリカの大学，政府機関，民間インキュベータなどのウェブ公開情報，電話などによる問い合わせもとに，大学発ベンチャーと思われるベンチャー企業 916 社を抽出した。質問票調査は，この 916 社に対して，郵送で，2006 年 10 月に送付し，2007 年 1 月までに 117 社の回答を得た（回答率 12%）。質問表調査の郵送後，回答のない企業に対しては，電話，及び，電子メールによる督促，及び，フォローアップ調査を実施した。本書では，この内，設立後 10 年以内，法的に保護された大学の知的財産権としての特許をベースとした事業，また，法的には保護されていないものの大学の研究成果としての「技術」「ノウハウ」をベースとした事業，共同研究などの機会を通じて大学の「技術」「ノウハウ」を導入した，と回答した未上場企業 56 社を大学発ベンチャーと理解し，分析の対象とした。

表5-1　現在の顧客

	大学	大学以外研究機関	国・地方自治体	大企業	中小企業	一般消費者
日本	1.432 (0.496)	1.261 (0.440)	1.209 (0.408)	1.675 (0.469)	1.453 (0.499)	1.184 (0.388)
イギリス	1.122 (0.331)	1.146 (0.358)	1.195 (0.401)	1.732 (0.449)	1.244 (0.435)	1.220 (0.419)
アメリカ	1.089 (0.288)	1.054 (0.227)	1.161 (0.371)	1.357 (0.483)	1.143 (0.353)	1.089 (0.288)

注：数値は，上段は，平均値，下段は，（標準偏差）。サンプル数は，日本234，イギリス41，アメリカ56。平均値，及び，標準偏差は，2．顧客である，1．顧客ではない，その他，との回答1-2の平均値，標準偏差。

表5-2　将来の顧客希望

	大学	大学以外研究機関	国自治体	大企業	中小企業	一般消費者
日本	1.368 (0.483)	1.329 (0.471)	1.286 (0.453)	1.739 (0.440)	1.479 (0.501)	1.239 (0.428)
イギリス	1.098 (0.300)	1.098 (0.300)	1.244 (0.435)	1.854 (0.358)	1.268 (0.449)	1.268 (0.449)
アメリカ	1.054 (0.227)	1.036 (0.187)	1.125 (0.334)	1.393 (0.493)	1.161 (0.371)	1.357 (0.483)

注：数値は，上段は，平均値，下段は，（標準偏差）。サンプル数は，日本234，イギリス41，アメリカ56。平均値，及び，標準偏差は，2．将来顧客にしたい，1．顧客にしたくない，その他，との回答1-2の平均値，標準偏差。

(1.357)，中小企業（1.143），一般消費者（1.089）と，大企業が最も多く，国・地方自治体，中小企業と続く。

一方，表5-2は，将来の顧客希望について示したものである。日本は，大学（平均値：1.368），大学以外研究機関（1.329），国・地方自治体（1.286），大企業（1.739），中小企業（1.479），一般消費者（1.239）と，現在の顧客と同様，大企業が最も多く，中小企業，大学と続く。イギリスは，大学（平均値：1.098），大学以外研究機関（1.098），国・地方自治体（1.244），大企業（1.854），中小企業（1.268），一般消費者（1.268）と，現在の顧客と同様に，大企業が

最も多く，中小企業，及び，一般消費者が続く。アメリカは，大学（平均値：1.054），大学以外研究機関（1.036），国・地方自治体（1.125），大企業（1.393），中小企業（1.161），一般消費者（1.357）と，大企業が最も多く，一般消費者，中小企業と続く。

日本の大学発ベンチャーは，イギリス，アメリカとの比較において，現在の顧客，将来の顧客希望としての一般消費者の平均値が低く，現在の顧客，将来の顧客希望共に，6選択肢の中で最も平均値が低い。一方，イギリスでは，現在の顧客，将来の顧客希望で，第3位と第2位，アメリカでは，現在の顧客，将来の顧客希望で，第4位と第2位となっている。特に，将来の顧客希望では，イギリス，アメリカ共に，第2位となっていることと好対照の結果である。

大学について見ると，日本の大学発ベンチャーは，現在の顧客，将来の顧客希望共に，大企業，中小企業に次いで，第3位と顧客としての期待が比較的高い。その一方，イギリスでは，現在の顧客，将来の顧客希望共に，最下位，アメリカでは，現在の顧客として第4位，将来の顧客希望は，第5位という結果となっている。

(2) 市場・顧客調査の実施時期

日本，及び，イギリス，アメリカの大学発ベンチャーに対して，主力製品・サービスの市場・顧客調査実施時期について質問した結果が，表5-3である。主力製品・サービスの市場・顧客調査実施時期の選択肢は，「1. 研究開発の初期段階」「2. 研究開発途中の段階」「3. 試作品を完成又は試験販売中」「4. 製品化にめどが立った段階」「5. 製品又はサービスとして販売（単年度赤字）」「6. 製品又はサービスとして販売（単年度黒字だが累積損失あり）」「7. 製品又はサービスとして販売（単年度黒字で累積損失なし）」の7段階，及び，「実施していない」との8つの選択肢としている[2]。

主力製品・サービスの市場・顧客調査実施時期については，日本が，「2.

---

[2] 成長段階については，資金調達と業績をベースとした分類である Maison and Harrison (1999) の分類を採用している。

表 5-3　主力製品・サービスの市場・顧客調査実施時期

日　本	2.376
	(1.336)
イギリス	1.306
	(0.624)
アメリカ	1.489
	(0.895)

注：数値は，上段は，平均値，下段は，(標準偏差)。サンプル数は，日本 234，イギリス 41，アメリカ 56。平均値，及び，標準偏差は，「1. 研究開発の初期段階」「2. 研究開発途中の段階」「3. 試作品を完成又は試験販売中」「4. 製品化にめどが立った段階」「5. 製品又はサービスとして販売（単年度赤字）」「6. 製品又はサービスとして販売（単年度黒字だが累積損失あり）」「7. 製品又はサービスとして販売（単年度黒字で累積損失なし）」の7段階についての回答1-7の平均値，(標準偏差) で，無回答，主力製品，サービスの市場，顧客調査については，実施していないとの回答を除いたもの。

研究開発途中の段階から」「3. 試作品を完成又は試験販売中」（平均値：2.376）である一方，イギリスとアメリカが，「1. 研究開発の初期段階」から，「2. 研究開発途中の段階」（イギリス：1.306，アメリカ：1.489）との結果となった。主力製品・サービスの市場・顧客調査実施時期は，日本が，3 カ国中，最も実施時期が遅く，イギリスが最も早い時期に実施している。また，主力製品・サービスの市場・顧客調査について「実施していない」と答えた大学発ベンチャーの全体に占めるパーセンテージは，日本が，17.1％，イギリスが，4.9％，アメリカが 8.9％と，日本は，イギリスの 3 倍，アメリカの 2 倍に上る。

　日本の大学発ベンチャーは，主力製品・サービスの市場・顧客調査実施時期について，イギリス，アメリカとの比較において，最も実施時期が遅い。さらに，主力製品・サービスの市場・顧客調査について，「実施していない」と答えた大学発ベンチャーの全体に占めるパーセンテージが，イギリスの 3 倍，アメリカの 2 倍に上ることが注目される。

2 資金調達

資金調達については,「資金調達の困難な時期」及び「株式公開による資金調達の意向」の現況について示す。

(1) 資金調達の困難な時期

日本,及び,イギリスの大学発ベンチャーにおける資金調達の最も困難な時期について質問した結果は,表5-4の通りである。質問票調査における選択肢は,「1. 研究開発の初期段階」「2. 研究開発途中の段階」「3. 試作品を完成又は試験販売中」「4. 製品化にめどが立った段階」「5. 製品又はサービスとして販売(単年度赤字)」「6. 製品又はサービスとして販売(単年度黒字だが累積損失あり)」「7. 製品又はサービスとして販売(単年度黒字で累積損失なし)」の7段階とした[3]。

日本の大学発ベンチャーは,「2. 研究開発途中の段階」を最も資金調達が困難とする一方,イギリスは,「1. 研究開発の初期段階」を最も資金調達が困難とするという結果となった。また,資金調達の最も困難な時期についての平均値では,日本(平均値:3.192)が,イギリス(2.406)より,若干成長後期という結果となっている(表5-4)。

(2) 株式公開による資金調達

次に,日本とイギリスの大学発ベンチャーに対して,株式公開による資金調達の意向について質問した結果は,表5-5の通りである。日本は,「公開希望あり」「公開予定」を合わせたパーセンテージで,45.73と,イギリスの41.47を若干上回る結果となっている(表5-5参照)。

---

[3] 成長段階については,表5-3と同様,資金調達と業績をベースとした分類であるMaison and Harrison (1999) の分類を採用している。

表 5-4　資金調達の最も困難な時期

	日本	イギリス
1. 研究開発の初期段階	14.96	29.27
2. 研究開発途中の段階	28.21	24.39
3. 試作品を完成又は試験販売中	14.10	7.32
4. 製品化にめどが立った段階	12.39	2.44
5. 製品又はサービスとして販売 (単年度赤字)	17.09	12.20
6. 製品又はサービスとして販売 (単年度黒字だが累積損失あり)	3.42	0.00
7. 製品又はサービスとして販売 (単年度黒字で累積損失なし)	4.70	2.44
その他，無回答	5.13	22
平均値	3.192	2.406
(標準偏差)	(1.690)	(1.643)

注：平均値，(標準偏差) は，「1. 研究開発の初期段階」「2. 研究開発途中の段階」「3. 試作品を完成又は試験販売中」「4. 製品化にめどが立った段階」「5. 製品又はサービスとして販売 (単年度赤字)」「6. 製品又はサービスとして販売 (単年度黒字だが累積損失あり)」「7. 製品又はサービスとして販売 (単年度黒字で累積損失なし)」の 7 段階についての回答 1-7 の平均値，(標準偏差) であり，その他の数値は，対象企業に占めるパーセンテージ。対象企業数は，日本 234，イギリス 41。

表 5-5　株式公開の意向

	公開希望なし	公開希望あり	公開予定
日本	48.29	37.61	8.12
イギリス	56.10	36.59	4.88

注：数値はパーセンテージ。対象企業数は，日本 234，イギリス 41。

3　人材

人材については，「経営陣の外部採用」及び「経営陣のビジネス経験」の現況について示す。

(1) 経営陣の外部登用

大学発ベンチャーの経営陣の外部登用について質問した結果は，表5-6 の通りである。質問票調査では，日本，イギリスの大学発ベンチャーに

表 5-6　経営陣の外部登用

	最高経営責任者	最高技術責任者	最高財務責任者	最高営業責任者
日　本	16.24	34.62	33.76	36.75
イギリス	51.22	68.29	48.78	46.34

注：数値は，全対象企業に占めるパーセンテージ．対象企業数は，日本234，イギリス41．

対して，これまでに，経営陣，すなわち，最高経営責任者（Chief Executive Officer: CEO），最高技術責任者（Chief Technology Officer: CTO），最高財務責任者（Chief Financial Officer: CFO），最高営業責任者（Chief Sales Officer: CSO）を登用しようとしたことがあるかどうかを質問した．

日本は，最高営業責任者を登用しようとしたとするパーセンテージ（36.75）が最も多く，最高技術責任者（34.62），最高財務責任者（33.76），最高経営責任者（16.24）と続く．一方，イギリスは，最高技術責任者を登用しようとしたとするパーセンテージ（68.29）が最も多く，最高経営責任者（51.22），最高財務責任者（48.78），最高営業責任者（46.34）と続く．

日本の大学発ベンチャーは，イギリスとの比較において，最高経営責任者の外部からの登用に積極的ではない．さらに，日本は，イギリスとの比較において，外部からの経営陣の登用について，最高経営責任者，最高技術責任者，最高財務責任者，最高営業責任者というすべての選択肢で，外部から登用しようとしたことがあるとのパーセンテージが低い（表5-6）．

(2) 経営陣のビジネス経験

次に，日本の大学発ベンチャーを対象として，経営陣のビジネス経験について質問した結果は，表5-7の通りである．最高経営責任者，最高技術責任者，最高財務責任者，最高営業責任者を対象に，ビジネス経験の有無，ビジネス経験がある場合には，同業界か，他業界か，また，そのビジネス経験は，上場企業におけるものか，それとも，非上場企業におけるものかを質問した．

最高経営責任者については，「ビジネス経験なし（29.06）」が最も多く，「他

表 5-7　経営陣のビジネス経験

最高経営責任者		最高技術責任者	
ビジネス経験なし	29.06	ビジネス経験なし	35.04
他業界，非上場	16.67	他業界，非上場	11.97
他業界，上場	21.37	他業界，上場	14.10
同業界，非上場	13.68	同業界，非上場	10.26
同業界，上場	17.09	同業界，上場	15.81

最高財務責任者		最高営業責任者	
ビジネス経験なし	21.37	ビジネス経験なし	16.67
他業界，非上場	24.79	他業界，非上場	20.09
他業界，上場	20.09	他業界，上場	16.24
同業界，非上場	7.69	同業界，非上場	14.96
同業界，上場	5.98	同業界，上場	12.39

注：数値は，全対象企業に占めるパーセンテージ。対象企業数は，234。

業界，上場企業でのビジネス経験（21.37）」が続く。最高技術責任者については，「ビジネス経験なし（35.04）」が最も多く，「同業界，上場企業でのビジネス経験（15.81）」が続く。最高財務責任者については，「他業界，非上場企業におけるビジネス経験（24.79）」が最も多く，「ビジネス経験なし（21.37）」が続く。最高営業責任者については，「他業界，非上場企業におけるビジネス経験（20.09）」が最も多く，「ビジネス経験なし（16.67）」が続く。

　最高経営責任者，最高技術責任者において，「ビジネス経験なし」のパーセンテージが最も高く，最高財務責任者，最高営業責任者では，「他業界，非上場企業におけるビジネス経験」のパーセンテージが最も高い。

4　日本の大学発ベンチャーにおける顧客，資金，人材　―章括―

　本章では，日本の大学発ベンチャーにおける経営課題認識の上位「顧客・販路」「資金調達」「人材」の3つに着目し，日本，及び，イギリス，アメリ

カの大学発ベンチャーに対する質問票調査結果を示した。「顧客・販路」については，「市場・顧客」及び「市場・顧客調査の実施時期」の現況，「資金調達」については，「資金調達の困難な時期」及び「株式公開による資金調達の意向」の現況，「人材」については，「経営陣の外部採用」及び「経営陣のビジネス経験」の現況について述べた。その要旨を，以下に示す。

(1) 顧客・販路

　日本の大学発ベンチャーは，イギリス，アメリカとの比較において，現在の顧客，将来の顧客希望としての一般消費者の平均値が低く，現在の顧客，将来の顧客希望の共に，6選択肢の中で最も平均値が低い。一方，イギリスでは，現在の顧客，将来の顧客希望で，第3位と第2位，アメリカでは，現在の顧客，将来の顧客希望で，第4位と第2位となっている。特に，将来の顧客希望では，イギリス，アメリカ共に，第2位となっていることと好対照の結果である。また，大学について，日本の大学発ベンチャーは，現在の顧客，将来の顧客希望共に，大企業，中小企業に次いで第3位と，顧客としての期待が比較的高い。その一方，イギリスでは，現在の顧客，将来の顧客希望共に，最下位，アメリカでは，現在の顧客として第4位，将来の顧客希望は，第5位という結果となっている。

　また，日本の大学発ベンチャーは，主力製品・サービスの市場・顧客調査実施時期について，イギリス，アメリカとの比較において，最も実施時期が遅い。さらに，主力製品・サービスの市場・顧客調査について，「実施していない」と答えた大学発ベンチャーの全体に占めるパーセンテージが，イギリスの3倍，アメリカの2倍に上る。

(2) 資金調達

　資金調達の困難な時期について，日本の大学発ベンチャーは，「2. 研究開発途中の段階」を最も資金調達が困難とする一方，イギリスは，「1. 研究開発の初期段階」を最も資金調達が困難としている。また，資金調達の最も困

難な時期についての平均値では，日本（平均値：3.192）が，イギリス（2.406）より，若干成長後期という結果となっている。

また，株式公開による資金調達意向については，日本の大学発ベンチャーは，「公開希望あり」「公開予定」を合わせたパーセンテージで，45.73と，イギリスの41.47を若干上回る結果となっている。

(3) 人材

経営陣の外部登用について，日本の大学発ベンチャーは，イギリスとの比較において，最高経営責任者の外部からの登用に積極的ではない。さらに，日本は，イギリスとの比較において，外部からの経営陣の登用について，最高経営責任者，最高技術責任者，最高財務責任者，最高営業責任者というすべての選択肢で，外部から登用しようとしたことがあるとのパーセンテージが低い。

また，経営陣のビジネス経験について，日本の大学発ベンチャーは，最高経営責任者，最高技術責任者において，「ビジネス経験なし」のパーセンテージが最も高い。

第6章

経営課題としての顧客，資金，人材

> 本章では，前章の質問票調査の結果に加えて，先行研究，日本，イギリス，アメリカの大学発ベンチャー，及び，関係機関などに対するヒヤリング調査から，日本の大学発ベンチャーにおける主要な経営課題認識の上位「顧客・販路」「資金調達」「人材」について，その背景分析，及び，日本の大学発ベンチャーへの含意を述べる。

1 特有のキャズム現象―顧客・販路―

前章の質問票調査結果からは，日本の大学発ベンチャーは，顧客としての大学志向が高い半面，一般消費者志向が低い。また，主力製品・サービスの市場・顧客調査実施時期が遅く，イギリス，アメリカとの比較において，主力製品・サービスの市場・顧客調査を「実施していない」と答えた大学発ベンチャーが多いことがわかった。

技術マーケティングについて，Rogers（1962）は，新しい製品・サービスの普及過程を社会的な視点から分析し，イノベーションの普及モデルを論じている。Rogers（1962）によると，イノベーションの導入から普及までの過程は，顧客グループを以下の①～⑤の5つに分類した上で，①から⑤へ順次普及すると説明する。

顧客グループは，①新技術に基づく製品を求めるイノベーター（Innovators），②新製品が持つ利点を積極的に理解し採用するアーリーアダプター（Early Adopters），③価格と品質のバランスを重視するアーリーマジョ

リティ（Early Majority），④皆が使用することで安心して採用するレイターマジョリティ（Later Majority），そして，⑤ラガード（Laggards）の5つにわけることができるとされる。

　異なる時点で異なるグループの顧客が購入しているということは，それぞれの動機が異なっている。まず，イノベーター，アーリーアダプターが，新しい製品やサービスが発売されるとすぐに購入するのは，それらによって得られる価値よりも，技術そのものに特別の関心がある場合が多い。

　次に，アーリーマジョリティ，レイターマジョリティは，イノベーター，アーリーアダプターとは対照的に，新しい製品やサービスに何らかの価値を求める。さらに，購入の意思を固めるためには，その価値についてより多くの情報を求める。価値と価格のバランスについても考慮される。

　最後に，ラガードは，技術革新に対して抵抗感を持っており，こうした新しい製品の購入にも抵抗する傾向がある。製品を購入するのは，製品の改廃などによって他に選択の余地がなくなってしまった場合もあるとされる（Rogers, 1962）。

　今回の質問票調査の選択肢，すなわち，大学，大学以外研究機関，国・地方自治体，大企業，中小企業，一般消費者において，イノベーターとなりうる多くは，大学，大学以外研究機関，国・地方自治体，アーリーアダプターとなりうる多くは，上記に加えて，大企業，中小企業であり，一般消費者の大多数は，アーリーマジョリティ，レイターマジョリティ以降に該当すると想定できる。

　技術マーケティングにおいては，イノベーター，アーリーアダプターから，顧客ボリュームの大きいアーリーマジョリティに移行させることの困難さが指摘される。Moore（1991）は，Rogers（1962）の普及モデルの内，アーリーアダプターとアーリーマジョリティの間には大きな溝があると指摘し，この溝をキャズム（Chasm）と呼ぶ。その上で，キャズムに陥らないためには製品中心の価値観の転換が必要であると論じている（図6-1 参照）。

　キャズムを越えることができなかった失敗事例として，Moore（1991）は，1980年代における人工知能技術を例に挙げている。人工知能技術は，アーリーアダプターに強力に支持されたにもかかわらず，アーリーマジョリティ

第6章 経営課題としての顧客，資金，人材

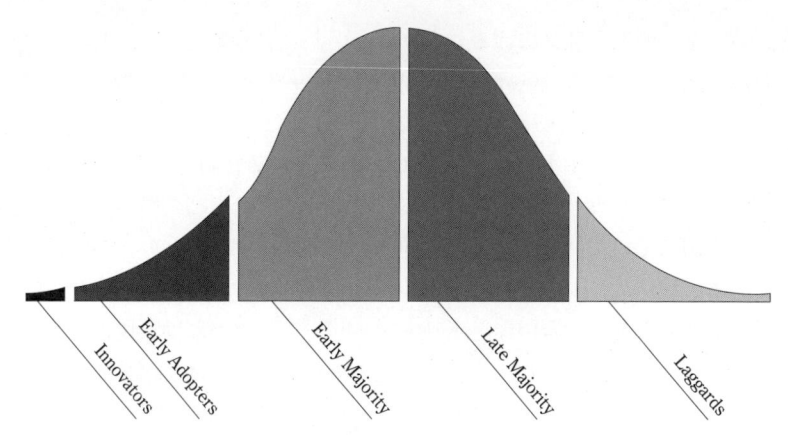

図6-1 イノベーションの採用時期に基づく採用者のカテゴリー化
出所：Moore (1991), 17頁。

の支持を得ることができなかった。その背景には，人工知能技術を稼動させるためのハードウェアに対するサポートの不足，既存のシステムにインテグレートさせるためのスキルの欠如，確立されたデザイン方法論の欠如などがあるとされ，製品中心の価値観の転換が課題であったと指摘される（Moore, 1991）。

日本の大学発ベンチャーの経営課題としての「顧客・販路」における論点としては，技術マーケティングにおけるキャズムを克服できていない，あるいは，克服しようとしていない大学発ベンチャーが多数であることであろう。すなわち，Rogers（1962）の顧客セグメントでいうイノベーター，アーリーアダプターが，ターゲットとする顧客の中心であるに留まり，アーリーマジョリティ，レイターマジョリティを攻略できていない，或いは，攻略しようとしていないと考えられる。

日本の大学発ベンチャーを対象としたヒヤリング調査においては，「研究機関など中心のビジネスから，民間企業，最終的には，一般消費者を対象としたビジネスへの転換が課題」との意見もあった一方，アーリーアダプターとしての「大学，研究機関などをターゲットに，世界的に顧客・販路を開拓し，経営は順調である」及び「アフターサービスの体制構築のコストから

も，顧客を一般消費者に広げるつもりはない」とする意見もあった。

日本の大学発ベンチャーが，アーリーマジョリティ，レイターマジョリティの多数を構成する一般消費者にあまり着目していないことは，質問票調査結果において，主力製品・サービスの市場・顧客調査実施時期が遅く，イギリス，アメリカとの比較において，主力製品・サービスの市場・顧客調査を「実施していない」と答えた大学発ベンチャーが多いという結果にも表れている。

一般消費者など，大きい顧客ボリュームゾーンの攻略には，技術の先進性をアピールするだけではなく，顧客満足の獲得のためには何が必要かについての市場・顧客調査が，より重要なものとなるはずである。ところが，一般消費者を志向しない大学発ベンチャーにとっては，市場・顧客調査の必要性は，相対的に小さいものに留まると考えられる。

日本の大学発ベンチャーを対象としたヒヤリング調査において，「顧客・市場調査については，インターネットによる低コストで，結果が早くわかる調査を実施している」とする大学発ベンチャーがある一方，「紹介による顧客開拓，マーケティングが中心で，マス・マーケティングは，不要である」との大学発ベンチャー，「販売については，アウトソーシングしており，当社が，市場・顧客調査することは，現時点で必要ない」との大学発ベンチャーも存在した。

日本の大学発ベンチャーにおいて，世界的な企業にまで成長した，アメリカのグーグル，サンマイクロシステムズ，ジェネンテックなどの急成長大学発ベンチャーが出現していない背景には，日本の大学発ベンチャーに多くみられる特有のキャズム現象，すなわち，発展途上の一般消費者志向があろう。大学発ベンチャー起業家にあっては，キャズムの克服，一般消費者の攻略は，重要な視点と言えよう。

2 特有のデスバレー現象―資金調達―

Shane and Stuart（2002）は，大学発ベンチャーの資金調達について，調達

資金の累計額が増える程,株式上場を達成する確率が高まり,失敗する確率を低下させると指摘する。大学発ベンチャーの資金調達は,大学発ベンチャーの成長を左右する。

前章における質問票調査の結果からは,資金調達の困難な時期について,日本の大学発ベンチャーは,「2. 研究開発途中の段階」を最も資金調達が困難とし,これは,イギリスの大学発ベンチャーとの比較でみると,若干,成長後期となっていること,また,株式公開による資金調達以降については,イギリスとの比較において,日本は,株式公開による資金調達を志向するパーセンテージが高いことがわかった。

質問票調査の結果を,如何に読み取るべきか。まず,ハイテクスタートアップスにおける公的資金と民間資金の間の資金面でのギャップの存在としてのデスバレー現象について概観した上で,経営課題としての「資金調達」に関する背景分析を行うと共に,日本の大学発ベンチャーへの含意を述べる。

(1) 大学発ベンチャーの資金調達：投資家とデスバレー現象

大学発ベンチャーの資金調達

大学発ベンチャーを含め,起業家の資金調達には,様々な手法がある。まず,自己資金(家族,知人,友人からの出資など),さらに,公的な補助金,民間からの投資資金(すなわち,ベンチャーキャピタリスト,エンジェル投資家),さらには,銀行からの融資などがある。大きくは3つ,すなわち,自己資金,家族,友人,知人からの出資,ベンチャーキャピタリスト,エンジェル投資家の出資などからなる直接金融,民間銀行,或いは,公的金融機関からの融資制度などからなる間接金融,それに,研究,及び,その事業化に対する公的助成,すなわち,公的資金からなる。

ただ,大学発ベンチャーなどハイテクスタートアップスにおける資金調達は,公的資金,及び,直接金融が,その主要な担い手となっている。大学発ベンチャーにおいて,間接金融がなじまない背景としては,まず,大学発ベンチャーの高い潜在性と裏腹に付きまとう不確実性があろう。さらに,担保となるべき実物資産がほとんどないことと同時に,継続的な資金需要の高ま

りは，銀行などの間接金融機関が，成長初期段階に融資を躊躇することはやむを得ないとされる（Pfirrmann, Wupperfeld and Lerner, 1997）。

大学発ベンチャーの投資家

　大学発ベンチャーの資金調達の担い手としては，ベンチャーキャピタリスト，エンジェル投資家などの投資家による直接金融が主流となっている。

　ベンチャーキャピタリストを巡っては，Black and Gilson（1998）が，「急成長，ハイリスクで，しばしば製品開発又は成長を支える資本が必要であり，事業の性格上，借金という形より主に株式という形で資本を得るようなハイテク企業投資に特化している」（Black and Gilson, 1998: 245）投資家と定義し，大学発ベンチャーなどのハイテクスタートアップスにおける投資家としてのベンチャーキャピタリストの有用性を指摘している。

　また，Florida and Kenny（1988）は「ハイテク企業家と経済変革におけるベンチャーキャピタリストの重要な役割は疑いようがない。カリフォルニアのシリコンバレーやボストンのルート128エリアの活力や急速な成長は，十分な量のベンチャーキャピタルが得られるという状況に負っている」（Florida and Kenny, 1988: 302）と述べ，シリコンバレー，ボストンのルート128エリアにおけるハイテクスタートアップスの急成長に果たした投資家としてのベンチャーキャピタルの重要性を指摘している。

　さらに，OECD（2003）は「GDPと比較してベンチャーキャピタル投資は全く小さいものであるが，新技術に基礎を置く企業にとっては，主たる資金源となっている。ベンチャーキャピタル投資は，新技術に基礎を置く企業によって開発される革新的イノベーションを促進するにおいて決定的な役割を果たす」（OECD, 2003: 46）と述べ，投資家としてのベンチャーキャピタリストが，ハイテクスタートアップスの資金調達，さらには，イノベーションに貢献していることを指摘している。

　一方，エンジェル投資家は，ベンチャーキャピタリストと比較すると，より創業初期のベンチャーを対象とする投資家との側面を有する。また，純粋に投資リターンの極大化を目指す投資家であるケースが多いベンチャーキャピタリストと比較して，成功した起業家，資産家などからなるエンジェル投

資家については，その投資目的は，純粋な投資リターンの極大化だけではなく，成功した起業家が，後輩としての起業家を支援しようというメンター的な目的や，ビジネスを超えて，ある技術に関心がある，または，製品化に関心があるといった様々な目的に基づく投資家も存在する。

　グーグルは，スタンフォード大学で博士課程に在籍していたラリー・ペイジとセルゲイ・ブリンによって，1998年に創業された大学発ベンチャーであるが，その創業にあたっては，サンマイクロシステムズのアンディ・ベクトルシャイム（Andy Bechtolsheim）からの10万ドルの資金提供を受けたことが，直接の創業のきっかけとなっているとされる[1]。この際，アンディ・ベクトルシャイムは，ラリー・ペイジとセルゲイ・ブリンの技術アイディアに感心し，まだ，会社設立さえされていないグーグル社宛に，小切手を切ったとされる（Vise and Malseed, 2005）。アンディ・ベクトルシャイムがグーグルへの投資を行った背景には，ラリー・ペイジとセルゲイ・ブリンの技術アイディアへの関心，さらに，自らがサンマイクロシステムズを創業し間もない時期に，投資してくれた投資家の存在にならって，メンターとしての立場から，投資を行ったとされる（Vise and Malseed, 2005）。

　アメリカには，こうした成功起業家が，エンジェル投資家として投資を行うエンジェル資金が多額にあるとされる。Wetzel（1997）によると，アメリカでは，25万人のエンジェル投資家が，3万のベンチャーに100-200億ドルの資金を供給しているとされる。中小企業総合事業団編（2002）は，「アメリカでは，『ビジネスエンジェル』は，72万人おり，1年間の投資件数は，48万9000件，投資総額はベンチャーキャピタル投資総額の約8倍に当たる327億ドルと推計されており，最大のリスクマネーの資金源となっている」と指摘される。

　また，アメリカやイギリスでは，大学発ベンチャー創出に力を入れる多くの有力な研究重点型大学（リサーチユニバーシティ）自身が，純粋な投資リターンの極大化だけを目的とせず，エンジェル投資家的な性格の投資家として，大学発ベンチャーの資金調達を支援している。例えば，イギリス，ケン

---

1)　Google, Inc. のウェブサイト，http://www.google.com/corporate/

ブリッジ大学[2]の産学連携・大学発ベンチャー支援を担うケンブリッジエンタープライズ（Cambridge Enterprise Limited）[3]は，ケンブリッジ大学発の大学発ベンチャーを支援するためのシードファンドを有し，大学発ベンチャーへ出資を行っている（Cambridge Enterprise ed., 2007）。また，アメリカのシカゴ大学（The University of Chicago）[4]では，ユーシカゴテック（UChicagoTech）[5]が，

---

[2] ケンブリッジ大学は，1290年に創立され，現在，30余りのカレッジから成るカレッジ制を採る大学である。ケンブリッジ市は，イギリスのイングランド東部にあるケンブリッジシャーの州都で，人口はおよそ12万人，現在は，ケンブリッジ大学を中核としたイギリスを代表するハイテク産業の中心地の一つとなっている。情報通信，モバイルテクノロジー，バイオテクノロジー，エレクトロニクス，ナノテクノロジーなど，ハイテク分野で，数多くのハイテク起業家を輩出し，その急激なハイテク企業の集積は，ケンブリッジ現象ともいわれる。また，ケンブリッジ大学を中心とする大学発ベンチャーなどハイテクスタートアップスは，その潜在性の高さでも知られている。ベンチャーキャピタルは，高い成長可能性を有するベンチャーへの出資で知られるが，イギリスのベンチャーキャピタル投資は，その高い成長可能性ゆえに，ケンブリッジクラスターへ集中している（Hugo, Franklin, Coffman, Lawton, Holi, Leeuwen, White and Harper, 2008）。

[3] ケンブリッジエンタープライズは，ケンブリッジ大学の研究成果のビジネス化の促進を目的として，2006年に，ケンブリッジ大学の全額出資により設立された。技術移転（発明管理，特許戦略，メンテナンス，ライセンス，マーケティングなど），コンサルティング（契約交渉，コスト，プライシング，大学施設の利用，資本政策など），ケンブリッジ大学のスタッフ，研究者の支援，アドバイス）など，いわゆる技術移転機関業務を数多く手がけているが，事業の柱の1つとして，シードファンドを掲げている（Cambridge Enterprise ed., 2007）。

[4] シカゴ大学は，イリノイ州シカゴ市にある私立大学。資産家のジョン．D．ロックフェラーが資金提供し1890年設立された。設立当初から研究に重点が置かれており，ノーベル賞受賞者を世界でも最も多く輩出し，世界で最も評価が高いリサーチユニバーシティの一つである。学生数は，学部生約5000人，大学院生約10000人，教員数は2000人余りである。

[5] ユーシカゴテックでは，1986年に特許などの技術移転だけでなく新規企業の設立を支援するため，ライセンス部門（TLO業務）とスタートアップ部門（ベンチャー育成業務）の二部門を有するアーチディベロップメントコーポレーション（ARCH Development Corporation）を設立した。1994年には，ベンチャー投資を行うために，アーチベンチャーパートナーズ（ARCH Venture Partners）をスピンアウトさせ，シーズファンドの運用を開始。2001年には，同じく，アーチディベロップメントパートナーズ（ARCH Development Partners）というベンチャー投資を行うファンドが，スピンアウトにより設立されている。2001年には，アーチディベロップメントコーポレーションの業務と，他のすべての継続知財案件，及び，技術の商品化に関する案件を引き継ぐ形で，ユーシーテック（UCTech）が設立された。2006年に，ユーシカゴテック（UChicagoTech）と名称変更し，シカゴ大学の研究担当バイスプレジデントのもとで業務を執行している。ユーシカゴテックでは，大学の技術移転，及び，ライセンシングやその技術による大学発ベンチャーの設立，ひいては，新規企業，新たな雇用創出による地域経済への貢献をミッションとしている（University of Chicago Technology ed., 2007）。

ただ，ユーシカゴテックには，課題も存在するようである。ユーシカゴテックに対するヒヤリングでは，「シカゴ大学は，アントレプレナーシップへの取り組みに関して，シリコンバレーの

資金繰りの厳しいシード段階におけるベンチャー企業の株式保有について，スタートアップ支援の観点から行っている（University of Chicago Technology ed., 2007）。

デスバレー現象

大学発ベンチャーにとって，直接金融と並ぶ資金調達先は，公的資金である。大学発ベンチャーなどハイテクスタートアップスは，継続的に多額な研究開発資金が必要である。しかし，創業前，或いは創業間もない時期で，事業としての実績がほとんどない段階で，ベンチャーキャピタリスト，エンジェル投資家などの投資家から資金を調達することは難しい。このため，大学発ベンチャーなどのハイテクスタートアップスは，創業前，創業間もない時期においては，政府の研究資金や委託契約など，公的資金に向かう（Blair and Hitchens, 1998）。

しかし，Lerner（2000）が，公的資金が提供された企業に対し，当該事業以外の有望事業への資金転用を認めるべきであると主張するように，時間の経過と共に刻々と変化するビジネス環境に柔軟に対応しなければならないハイテクスタートアップスにとって，公的資金は柔軟性が欠けていると指摘される。こうした公的資金の柔軟性の欠如に関しては，日本においても，ナノテクノロジーの事業化を目指す企業などにおいて，同様の状況がみられる（桐畑，2004）。

一方，投資家による投資資金については，既に指摘したように，大学発ベンチャーなどハイテクスタートアップスのファイナンシャルリスク故に，初期段階への投資は，成長初期であればある程，厳しい。

Office of the Secretary U. S. Department of Commerce（2002）は，ハイテクスタートアップスの成長段階における基礎研究から事業活動に至る開発，スケールアップの段階において，公的資金と投資家による投資資金との間の資金面でのギャップが存在し，資金調達が困難となる状態がみられるとして，この現象を，デスバレー（The Valley of Death）現象と表現した（図6-2）。

スタンフォード大学とグーグルの関係など，著名大学の事例と比較すると，成功事例が多くない」として，ロールモデルのなさを課題と指摘する。

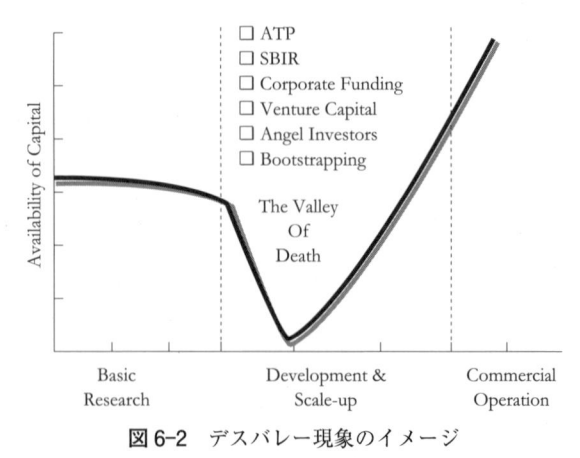

図6-2 デスバレー現象のイメージ

出所：Office of the Secretary U. S. Department of Commerce (2002), 1頁

　アメリカでは，こうした開発，スケールアップの段階において，ベンチャーキャピタリストやエンジェル投資家などの投資資金が不足している現状，すなわち，デスバレー問題を解決する目的で，ATP（Advanced Technology Program）[6]やSBIR（Small Business Innovation Research）[7]など，公的資金投入政策が導入された。

---

[6]　1988年に創設された。ATP（Advanced Technology Program）は，主に中小企業を対象とした研究開発支援のための補助金プログラムである。単独企業，あるいはコンソーシアム（複数企業による共同研究開発）が提案した研究開発テーマが，ATPの審査を通過すると，提案した単独企業，あるいはコンソーシアムに補助金が支給される。支給される補助金の額は，単独企業では，直接費用の100％（間接費用は補助対象とはならない），コンソーシアムでは，直接，間接費用のそれぞれ50％である。ATPでは，提案した企業にも資金負担を求める代わりに，研究成果から生じた特許は，提案した企業に与えられる。

[7]　SBIR（Small Business Innovation Research）は，1982年に制定された。その後1992年には，STTR（Small Business Technology Transfer Program）が開始されている。SBIRは，連邦機関の年間の外部への委託研究費が，ある基準額を超える場合に，連邦機関の委託研究費の一定割合を，中小企業の研究開発に配分することを義務づけたプログラムである。SBIRの基準額は1億ドルであり，STTRの基準額は10億ドルとなっている。SBIR及びSTTRは，研究開発支援を希望する民間の中小企業が，各連邦機関に個別に申請を行うことで審査される。開発に応じた段階（フェーズ）の補助金が交付される。SBIRとSTTRの違いは，補助額上限が異なること，STTRが，SBIRに比べ大学，非営利研究機関と中小企業との共同研究，技術移転をより促進させるためのプログラムになっている。

(2) 特有のデスバレー現象

　前章の質問票調査結果は，日本の大学発ベンチャーにおいても，基礎研究から事業活動に至る開発，スケールアップの段階において，公的資金と民間資金の間の資金面でのギャップが存在し，資金調達が困難となる状態が存在することを示すものである。ただ，質問票調査結果からは，イギリスとは異なるデスバレーが存在することがわかる。

　まず，イギリスでは，「1. 研究開発の初期段階」を，最も資金調達が困難とするという結果となった一方で，日本は，資金調達の困難な時期が，「2. 研究開発途中の段階」となり，かつ，資金調達の最も困難な時期についての平均値では，日本が，イギリスより若干成長後期である。これは，日本の大学発ベンチャーの資金調達において，成長初期段階を担う公的資金が比較的充実する一方，その後を引き継ぐべき投資資金の不足感を反映したものである。

　日本の大学発ベンチャーに対するヒヤリングでは，公的資金に対する要望として，「申請の煩雑さを改善してほしい」といった意見や，「公的資金のワンストップサービスがほしい」及び「情報の提供を充実してほしい」などの意見があったが，金額的な不足に対する意見はほとんど聞かれなかった。

　一方，ベンチャーキャピタルについては，「ベンチャーキャピタルから得られる投資金額が，事業に必要な資金よりも少ない」との意見が，特に新薬開発を目指す大学発ベンチャーにおいて聞かれた。「当社が本来獲得したい資金の10分の1程度しか調達できていない。アメリカのビジネスパートナーであるベンチャーが獲得した資本と比べて，当社は，100分の1のレベルである」といった意見もあった。

　この背景には，まず日本のベンチャー向け投資資金全体の規模があろう。日本のベンチャーキャピタルの投資残高を，アメリカ，ヨーロッパと比較すると，2006年の実績で，日本は1兆円に対して，アメリカは28兆円，ヨーロッパは33兆円と，日本は，アメリカ，ヨーロッパの30分の1程度という規模となっている（経済産業省編，2008）。

　また，日本においては，エンジェル投資家の規模も小さい。経済産業省編（2008）によると，日本においては，1997年以降，エンジェル税制が創設さ

れて，改正，拡充が行われているが，このエンジェル税制の活用は，最も多い年である2005年の実績においても，25億円弱にとどまっている。また，エンジェル投資家によるエンジェルネットワークについても，アメリカとヨーロッパでは，それぞれ200以上のネットワークが存在するが，日本においては，十数から数十程度にとどまっている（経済産業省編，2008）。

　こうした，ベンチャーキャピタル，エンジェル投資などの投資資金の規模の小ささの要因の1つとして，大学発ベンチャーの最終的な出口の選択肢の少なさがある。

　質問票調査における株式公開による資金調達意向については，イギリスとの比較において，日本は，株式公開による資金調達を志向するパーセンテージが高い。この結果をみると，日本の大学発ベンチャーの方が，株式公開に積極的とも読み取れなくもない。ただ，日本の大学発ベンチャーはM&Aという出口オプションについては，選択肢としにくい現状を考慮する必要がある。

　イギリスの大学発ベンチャーに対するヒヤリングでは，「アメリカの大手企業によるイギリス・ケンブリッジのハイテクスタートアップスの買収は，日常的で，当社も，有力な出口として，グローバル企業への売却を当然考えている」との意見があった。一方，日本の大学発ベンチャーに対するヒヤリングでは，「上場をステップに，さらに，企業の成長を目指す」「事業の売却は考えていない」とする意見が多い一方，「自社の売却も選択肢に含まれる」との意見は少数であった。日本の大学発ベンチャーにおいては，自社売却への特有の抵抗感も伺える。ただ，日本においては，日本の大学発ベンチャーにおける出口オプションの1つとしてのM&A市場が未整備のため，成長志向の大学発ベンチャーは，出口オプションとしての唯一の選択肢として，株式公開を志向せざるを得ないという要因も大きい。

　大学発ベンチャーを投資対象とするベンチャーキャピタリストに対するヒヤリングでは，大学発ベンチャーにおける「M&Aという出口は，ベンチャーキャピタル業界においても課題となっており，多くのベンチャーキャピタル会社で，M&A関連のネットワークの構築，仲介を強化している。しかし，日本の大学発ベンチャー案件では，日本の大手企業は，ベンチャー

の買収相手としては，海外への関心が高く，ミスマッチがある」との意見があった。投資家にとっては，大学発ベンチャーにおけるの多様な出口は，それだけ，投資リスクの軽減に繋がる。日本における大学発ベンチャーの出口オプションの狭さは，大学発ベンチャーの資金調達に影響している。

　日本の大学発ベンチャーの経営課題としての「資金調達」における論点として，公的資金の充実の一方，ベンチャーキャピタル，エンジェル投資家の層の薄さという特有のデスバレー現象，さらには，出口オプションの少なさなどがあろう。大学発ベンチャー起業家にあっては特有のデスバレー現象の克服，すなわち，投資家資金の獲得が，経営上の重要な視点となろう。

3 相互補完的経営陣―人材―

　前章の質問票調査結果からは，経営陣の外部登用について，日本の大学発ベンチャーは，イギリスとの比較において，特に，最高経営責任者の外部からの登用に積極的ではない。さらに，すべての経営陣について，外部からの経営幹部を登用しようとしたことがあるパーセンテージが低い。また，最高経営責任者，最高技術責任者では，ビジネス経験なしのパーセンテージが最も高く，最高財務責任者，最高営業責任者では，他業界，非上場企業におけるビジネス経験のパーセンテージが最も高いことを指摘した。

　この質問票調査結果を，如何に読み取るべきか。大学発ベンチャーにおける経営陣の相互補完に関する先行研究について概観した上で，経営課題としての「人材」に関する背景分析を行うと共に，日本の大学発ベンチャーへの含意を述べる。

(1) 経営陣の相互補完

　大学発ベンチャーの経営陣について，Roberts（1991）は，創業時点において望ましいのは，ビジネス経験を有する経営陣と研究者という相互補完的な経営チームによる大学発ベンチャーであると指摘する。大学発ベンチャー経

営における相互補完的な経営チームの重要性について，指摘した先行研究は，この他にもある（Chrisman, Hynes and Fraser, 1995）。

まず，経営陣のビジネス経験を巡って，著者は，日本の大学発ベンチャーを対象とした質問票調査をもとに，最高経営責任者のビジネス経験と業績パフォーマンスについて分析した。その結果，同業種，同業界であることと業績パフォーマンスについては，有意な相関は確認されなかったが，ビジネス経験と業績パフォーマンスについて，正の相関が確認された（桐畑・参鍋，2010）。

また，Shane and Stuart（2002）が，アメリカのマサチューセッツ工科大学において，1980年から1996年に設立された134社の大学発ベンチャーに関する調査を行い，ベンチャーキャピタリストからの投資，及び，上場の成否と当該大学発ベンチャーの社会関係資本，人的資本，技術アセットなどとの関係について研究したところ，当該大学発ベンチャーの少なくとも創業者のうちの一人による同業界での経験と株式上場の成否との間で，正の相関があると指摘している。さらに，マネジメントと業界に関する経験を持つ経営陣の方が，経験のない経営陣よりも，資金調達をしやすいとされる（Roberts and Malone, 1996; Vohora, Lockett and Wright, 2002）。

なぜ，大学発ベンチャーの経営陣には，ビジネス経験が求められるのであろうか。先行研究においては，営業，マーケティング活動を行うためには，ほとんどの場合，その業界に関しての知識が必要となると指摘されている（Shane and Stuart, 2002）。さらに，業界での経験が豊富な人物は，こうした知識にとどまらず，業界の顧客とのネットワークを築き上げているケースが多いとされ（Shane, 2004），こうしたビジネス経験を通じた知識，ネットワークが，マーケティングに限らず，資金調達など，様々なマネジメントの場面で，正の影響をもたらすとされる。しかし，こうしたビジネス経験に裏打ちされた知識，ネットワークは，残念ながら，大学の教員，研究者には，あまり備わっていないことが多い。このため，アメリカにおいては，成功するベンチャーの創業者は，平均的なベンチャーの創業者よりも，起業するにあたって，自らの創業チームにビジネス経験が豊富な人材を加える傾向が強いとされる（Shane, 2004）。

例えば，アメリカの大学発ベンチャーであるジェネンテックは，スタンフォード大学の遺伝子組換特許をもとに生まれた大学発ベンチャーであるが，その創業者は，ベンチャーキャピタリストのクライナー，パーキンス，コーフィールド，アンド，バイヤーズ（Kleiner, Perkins, Caufield & Byers）のロバート・スワンソン（Robert A. Swanson）である（Parker and Zilberman, 1993）[8]。また，日本の大学発ベンチャー・アンジェスMGのケースでは，成長段階に応じてCEOが複数回交代している。創業間もない時期には，過去にベンチャー立ち上げ経験を有するビジネス経験者，株式上場直前には，ファイナンスに知識のある外資系銀行出身の元バンカーを最高経営責任者とするなど，成長段階に応じた最適人材を経営陣に迎えている[9]。

研究者の大学発ベンチャーへの参画については，Shane（2004）が，大学発ベンチャーが知的財産の事業化に成功を収めるためには，研究者がベンチャーに継続的に関与することが重要であると指摘する。その背景には，先端科学技術をベースとした事業における製品・サービスのライフサイクルの短縮化，事業化におけるスピードの重要性の増加，さらには，バイオテクノロジー分野などに見られる科学と製品開発の緊密化など，研究開発の当事者たる大学などの研究者が，自らの研究をもとに事業化に参画する事業モデル，すなわち大学発ベンチャーの有効性が高まっていることがある（近藤, 2002）。

また，学術的な研究を事業化するためには，形式知された知識よりも，組織の内部で属人的にあるいはインフォーマルに共有される暗黙知がより重要であり，事業化を軌道に乗せるためには，研究者の関与が欠かせない（Jensen and Thursby, 2001）ことなどを挙げることができる[10]。このように大学発ベンチャー経営においては，その事業の基礎となる研究開発の研究による継続的

---

8) Genentech, Inc. ed. (2009)，石川（2007），及び，Genentech, Inc. のウェブサイト，http://www.gene.com/gene/about/.

9) アンジェスMG株式会社（2009），新藤，露木，辻本（2006），及び，アンジェスMGのウェブサイト，http://www.anges-mg.com/company/index.htm.

10) Jensen and Thursby（2001）は，研究者の継続的な関与を担保し，大学の学術技術を埋もらせることなく，経済的価値へとつなげるためには，大学発ベンチャーという大学技術の事業化形態は，有効であるとされる。

な参画が求められる。

(2) 補完性の弱い経営陣

　日本の大学発ベンチャーにおける経営陣の相互補完については，十分ではない状況が想定される。質問票調査結果からは，最高経営責任者の外部登用は，低いパーセンテージに留まる他，最高経営責任者において，ビジネス経験を有する人材のパーセンテージが低い。また，株式会社価値総合研究所編（2008）は，日本の大学発ベンチャーにおいては，大学の教員，研究者が，最高経営責任者に就くケースが多いとされ，日本の大学発ベンチャー経営の課題と指摘している。

　日本のベンチャーキャピタリストに対するヒヤリングでは，「日本の大学発ベンチャーにおいては，研究者仲間のみで，経営陣を構成するケースがある。こうしたケースは，ベンチャー企業において，血縁者だけで，経営陣を構成するケースと同様，いくら技術シーズとしての知的財産の評価が高くとも，投資対象としては，低い評価をせざるを得ない」との意見があった。

　アメリカの大学発ベンチャーの創業者で研究者に対するヒヤリングでは，「研究が専門である私が，大学発ベンチャーの経営を行うことを考えたことはない」との意見や，「本学の研究者で，起業を考えたときには，多くのケースで，大学が経営者をあっせんしてくれている。私の会社のケースも同様。」といった意見があった。

　一方，日本の大学の産学連携機関に対するヒヤリングでは，「関係者の調整，誰もが納得する人事を行うに際して，研究者が，社長に就任せざるを得ないケースもある。また，研究者で，経営者の素養のある人物も多数存在する」との意見もあった。また，日本の大学の技術移転機関に対するヒヤリングでは，日本では「優秀な経営者を外部から採用することは非常に難しい。私どもの場合は，大手企業を定年退職された人材を，公的な支援機関を経由で，紹介するケースはあるが，ベンチャーでのビジネス経験を有して，優秀と評価できる人材を見つけ出すことは非常に困難である」と指摘する。また，大学発ベンチャーに対するヒヤリングでは，「経営幹部レベルの人材の獲得

は，難しい上に，コストがかかる。広告を行っても，合同説明会に参加しても，全く採用できないケースがあり，数百万円の支出が，全く無駄になることもしばしばである。また，人材会社にお願いしても，思った人材がなかなか獲得できない」との状況を指摘する。日本においては，労働市場の流動性の問題などもあり，有能な経営幹部候補が，外部から獲得できないという指摘である。

また，研究人材を巡っても，日本においては，そのルール整備が万全ではない。研究者の継続的な大学発ベンチャーへの参画には，利益相反に関するルール整備が求められる。利益相反問題とは，大学教員が，大学発ベンチャーに注力する場合，その活動による金銭的利益の可能性があるために，もともとの大学の使命である研究，教育をおろそかにして，産学連携，大学発ベンチャー経営に注力することである。すなわち，研究，教育を行う大学教員としての立場と，大学発ベンチャーの経営者，及び，経営陣としての立場の利益が相反するとされる問題である[11]。

表6-1は，日本における利益相反ポリシーの策定状況である。国立大学では，80％以上が既に策定済であるが，全体としては，50％程度にとどまっている。研究者の継続的な大学発ベンチャーへの関与に向けて，こうしたルール整備は，早急になされるべきである。

日本の大学発ベンチャーの経営課題としての「人材」における論点として，外部からのビジネス経験者の獲得の困難さ，さらに，研究人材の継続的な関与に関するルール，体制整備の不備などがあろう。大学発ベンチャー起業家にあっては，外部人材獲得に向けた十分な準備と共に，研究人材の活用に向けたルール，体制作りが，経営上の重要な視点となろう。

---

11) 大学教員が大学発ベンチャーを企業することに対する否定的な見方としては，まず大学教員の研究関心が，応用研究，或いは，当該大学発ベンチャーの事業，産業領域に集中し，本来，学問としてなすべき基礎研究が，おろそかになる (Kenney, 1986, Etzkowitz, 2003)。また，事業として有望な産業に，学会の関心が向きすぎる (Miner, Eesley, Devaughn and Rura, 2001)，さらには，学生が本来なすべき研究ではなく，大学発ベンチャーの応用プロジェクトへの参加を要請される (Miner, Eesley, Devaughn and Rura, 2001) などの指摘がある。一方，肯定的な見方としては，技術の事業化の重要性への理解，及び，その理解に伴う学術研究への正の影響 (EtZkowitz, 2003)，教員による創業知識の獲得，学生への起業家教育 (Richter, 1986) などが，指摘される。

表6-1　利益相反ポリシーの策定状況

	整備済	割合	21年度中に策定予定	割合	21年度以降策定予定	割合
国立大学等	72	87.8%	6	7.3%	4	4.9%
私立大学等	54	32.3%	36	21.6%	77	46.1%
公立大学等	23	56.1%	8	19.5%	10	24.4%
計	149	51.4%	50	17.2%	91	31.4%

文部科学省編 (2009)

4 経営課題としての顧客，資金，人材―章括―

　本章では，前章の質問票調査の結果に加えて，先行研究，日本，イギリス，アメリカの大学発ベンチャー，及び，関係機関などに対するヒヤリング調査から，なぜ日本において，急成長大学発ベンチャーが次々と輩出されないのか，すなわち，その要因と考えられる日本の大学発ベンチャーにおける経営課題認識の上位「顧客・販路」「資金調達」「人材」について，その背景分析を行うと共に，日本の大学発ベンチャーへの含意を述べた。

(1) 顧客・販路

　日本の大学発ベンチャーの経営課題「顧客・販路」については，技術マーケティングにおけるキャズムを克服できていない，あるいは，克服しようとしていない大学発ベンチャーが多数であることを，論点として挙げることができる。すなわち，Rogers (1962) の顧客セグメントでいうイノベーター，アーリーアダプターが，ターゲットする顧客の中心であり，アーリーマジョリティ，レイターマジョリティを攻略できていない，或いは，攻略しようとしていない。すなわち，質問票調査のコンテクストにおいては，一般消費者の大多数は，アーリーマジョリティ，レイターマジョリティと想定できる。

日本の大学発ベンチャーにおいて，世界的な企業にまで成長した，アメリカのグーグル，サンマイクロシステムズ，ジェネンテックなどの急成長大学発ベンチャーが出現していない背景には，日本の大学発ベンチャーに多くみられるこうした特有のキャズム現象，すなわち，発展途上の一般消費者志向がある。大学発ベンチャー起業家にあっては，この特有のキャズムの克服が経営上の重要な視点となろう。

(2) 資金調達

日本の大学発ベンチャーの「資金調達」においては，成長初期段階を担う公的資金の充実の一方，その後を引き継ぐべき投資家資金の不足感がある。日本のベンチャーキャピタルの投資残高を，アメリカ，ヨーロッパと比較すると，2006年の実績で，日本は1兆円に対して，アメリカは28兆円，ヨーロッパは33兆円と，日本は，アメリカ，ヨーロッパの30分の1程度という規模となっている（経済産業省編，2008）。また，日本においては，エンジェル投資家の規模が小さい。経済産業省編（2008）によると，日本においては，1997年以降，エンジェル税制が創設されて，改正，拡充が行われているが，このエンジェル税制の活用は，最も多い年である2005年の実績においても，25億円弱にとどまっている。また，日本における大学発ベンチャーの出口オプションの狭さは，大学発ベンチャーの資金調達に影響している。

日本の大学発ベンチャーの経営課題「資金調達」については，公的資金の充実の一方，ベンチャーキャピタル投資，エンジェル投資家の層の薄さという特有のデスバレー現象，さらには，大学発ベンチャーなどのハイテクスタートアップスにおける出口オプションの少なさなどを，論点として挙げることができよう。大学発ベンチャー起業家にとっては，この特有のデスベレー現象の克服が，経営上の重要な視点となろう。

(3) 人材

大学発ベンチャーの経営陣については，ビジネス経験を有する経営陣と研

究者という相互補完的な経営陣が望ましいとされる。しかし，日本の大学発ベンチャーにおける経営陣の相互補完性については，十分ではない状況が想定される。特に，日本の大学発ベンチャーにおいては，大学の教員，研究者が，経営のトップである最高経営責任者に就くケースが多いとされ，外部からビジネス経験を有する人材の登用が十分ではない。また，研究人材を巡っても，日本においては，そのルール整備が万全ではない。

　日本の大学発ベンチャーの経営課題「人材」については，外部からのビジネス経験者の獲得の困難さ，さらに，研究人材の継続的な関与に関するルール，体制整備の不備などを，論点として挙げることができよう。大学発ベンチャー起業家にとっては，外部人材の獲得，研究人材活用に向けたルール，体制作りが経営上の重要な視点となろう。

第7章

日本の大学発ベンチャーにおける外部資源連携

> 本章，次章では，外部資源との連携の現状と課題について論じる。本章では，日本の大学発ベンチャーにおける「外部資源連携」の現況について，日本の大学発ベンチャーを基礎に，一部，イギリスの大学発ベンチャーに対する質問票調査を交えて，その結果，すなわち，外部資源との信頼関係・緊密度，外部資源からの知識・ネットワーク，資金の獲得，さらには投資家に着目し，ベンチャーキャピタリストとの連携による知識・ネットワーク獲得に関する質問票調査結果を示す。

1 信頼関係・緊密度

　日本の大学発ベンチャーにおける外部資源との連携の現況はいかなるものであろうか。本書は，大学発ベンチャーの成長に寄与する可能性を有する外部資源として，特に，大学，ベンチャーキャピタリスト，エンジェル投資家などの投資家，さらに，弁護士・法律事務所，弁理士・特許事務所，公認会計士・会計事務所などに着目している。

　まず，日本の大学発ベンチャーにおける外部資源に対する信頼関係，すなわち，「互いに相手の弱みに付け込まないか」「互いに約束を守るか」，また，緊密度，すなわち，「ビジネス上緊密な関係にある先」「個人的に緊密な関係

にある先」の現況について，質問票調査結果を示す。

(1) 信頼関係

　日本の大学発ベンチャーを対象に，外部資源との信頼関係，すなわち，「互いに相手の弱みに付け込まないか」「互いに約束を守るか」の2つについて質問した。対象とする外部資源の選択肢としては，大学，ベンチャーキャピタリスト，弁護士・法律事務所，弁理士・特許事務所，公認会計士・会計事務所，経営コンサルタント，銀行，公的支援機関の8つとした。

　「互いに相手の弱みに付け込まないか」との質問に対しては，大学（平均値：4.302）が最も信頼が高く，公的支援機関（同4.080），弁理士・特許事務所（同3.939）と続いた。また。「互いに約束を守るか」との質問に対しても，大学（平均値：4.267）が最も信頼が高く，公的支援機関（同4.093），公認会計士・会計事務所（同4.092）と続いた（表7-1参照）。

　日本の大学発ベンチャーにおいては，「互いに相手の弱みに付け込まないか」「互いに約束を守るか」などの信頼関係において，いずれも，大学の信頼が最も高く，公的支援機関が続き，以下，弁理士・特許事務所，公認会計士・会計事務所などが続く。

(2) 緊密度

　日本の大学発ベンチャーを対象として，外部資源との緊密度，すなわち，「ビジネス上緊密な関係にある先」「個人的に緊密な関係にある先」について質問した。対象とする外部資源の選択肢は，前問同様の8項目である（表7-2参照）。

　「ビジネス上緊密な関係にある先」としては，大学（平均値：4.017）が最も多く，公認会計士・会計事務所（3.599），弁理士・特許事務所（3.520）が続いた。一方，「個人的に緊密な関係にある先」については，大学（平均値：4.153）が最も多く，公認会計士・会計事務所（2.986），公的支援機関（2.972）が続いた。

第7章　日本の大学発ベンチャーにおける外部資源連携

表7-1　信頼関係

互いに弱みに付け込まない

大学	ベンチャーキャピタリスト	弁護士・法律事務所	弁理士・特許事務所	公認会計士・会計事務所	経営コンサルタント	銀行	公的支援機関
4.302	3.412	3.802	3.939	3.894	3.436	3.493	4.080
(1.044)	(1.275)	(1.151)	(1.130)	(1.182)	(1.223)	(1.272)	(1.085)

互いに約束を守る

大学	ベンチャーキャピタリスト	弁護士・法律事務所	弁理士・特許事務所	公認会計士・会計事務所	経営コンサルタント	銀行	公的支援機関
4.267	3.542	3.962	4.069	4.092	3.521	3.734	4.093
(1.035)	(1.174)	(1.081)	(1.047)	(1.099)	(1.200)	(1.178)	(1.026)

注：数値の内，上段は，平均値（1．全くそう思わない─3．どちらともいえない─5．全くそう思うの5段階の平均値）．下段は，（標準偏差）．対象企業は，234社．

表7-2　ビジネス上の緊密度

ビジネス上の緊密度

大学	ベンチャーキャピタリスト	弁護士・法律事務所	弁理士・特許事務所	公認会計士・会計事務所	経営コンサルタント	銀行	公的支援機関
4.017	2.798	2.925	3.520	3.599	2.356	2.969	3.346
(1.111)	(1.63)	(1.408)	(1.306)	(1.267)	(1.362)	(1.497)	(1.401)

個人的緊密度

大学	ベンチャーキャピタリスト	弁護士・法律事務所	弁理士・特許事務所	公認会計士・会計事務所	経営コンサルタント	銀行	公的支援機関
4.153	2.403	2.624	2.896	2.986	2.304	2.648	2.972
(1.163)	(1.456)	(1.423)	(1.428)	(1.429)	(1.413)	(1.430)	(1.440)

注：数値の内，上段は，平均値（1．全くそう思わない─3．どちらともいえない─5．全くそう思うの5段階の平均値）．下段は，（標準偏差）．対象企業は，234社．

「ビジネス上緊密な関係にある先」「個人的に緊密な関係にある先」など，関係の緊密度については，いずれも大学が最も高く，第2位以下には，公認会計士・会計事務所，弁理・特許事務所，公的支援機関などが続く。

2 知識獲得

外部資源との連携による知識獲得については，技術知識獲得，すなわち，「連携のおかげで，技術に関する多くの知識を獲得できた先」，市場・顧客知識獲得，すなわち，「連携のおかげで，市場・顧客に関する多くの知識を獲得できた先」，事業計画策定における知識獲得，すなわち，「事業計画策定にあたって，助言を受けたことがある先」についての質問票調査結果を示す。事業計画策定における知識獲得についてのみ，日本とイギリスの大学発ベンチャーを比較できる構成となっている。

(1) 技術知識獲得

外部資源との連携による技術知識獲得，すなわち，「連携のおかげで，技術に関する多くの知識を獲得できた先」について質問した（表7-3参照）。対象となる外部資源の選択肢としては，大学，ベンチャーキャピタリスト，弁護士・法律事務所，弁理士・特許事務所，公認会計士・会計事務所，経営コンサルタント，銀行，公的支援機関の8項目とした。

連携により，技術に関する多くの知識を獲得できた先としては，大学（平均値：3.903）が最も評価が高く，公的支援機関（2.905），弁理士・特許事務所（2.462）と続いた。

(2) 市場・顧客知識獲得

外部資源との連携による市場・顧客知識獲得，すなわち，「連携のおかげで，市場・顧客に関する多くの知識を獲得できた先」について質問した（表

表7-3 技術知識獲得先

大学	ベンチャーキャピタリスト	弁護士・法律事務所	弁理士・特許事務所	公認会計士・会計事務所	経営コンサルタント	銀行	公的支援機関
3.903	2.221	2.092	2.462	2.281	2.247	2.023	2.905
(1.247)	(1.197)	(1.136)	(1.333)	(1.226)	(1.163)	(1.087)	(1.327)

注：数値の内，上段は，平均値（1．全くそう思わない―3．どちらともいえない―5．全くそう思うの5段階の平均値），下段は，（標準偏差）。対象企業は，234社。

表7-4 市場・顧客知識獲得先

大学	ベンチャーキャピタリスト	弁護士・法律事務所	弁理士・特許事務所	公認会計士・会計事務所	経営コンサルタント	銀行	公的支援機関
3.04	2.526	1.963	2.127	2.115	2.335	2.211	2.859
(1.323)	(1.274)	(1.018)	(1.124)	(1.112)	(1.227)	(1.112)	(1.329)

注：数値の内，上段は，平均値（1．全くそう思わない―3．どちらともいえない―5．全くそう思うの5段階の平均値），下段は，（標準偏差）。対象企業は，234社。

7-4参照）。対象となる外部資源の選択肢は，前質問と同じ8項目とした。

　連携により，市場・顧客に関する多くの知識を獲得できた先としては，大学（平均値：3.04）が最も評価が高く，公的支援機関（2.859），ベンチャーキャピタリスト（2.526）が続いた。

(3) 事業計画策定における知識獲得

　日本，及び，イギリスの大学発ベンチャーを対象として，「事業計画策定にあたって，助言を受けたことがある先」について質問した（表7-5参照）。対象となる外部資源の選択肢としては，予備的なヒヤリングから，前質問において採用している銀行，弁護士・法律事務所，弁理士・特許事務所を除き，大学，ベンチャーキャピタリスト，公認会計士・会計事務所，経営コンサルタント，公的支援機関，友人・親族，外部の助言は得ていない，事業計画書を作成していないの8項目とした。

表7-5 事業計画書作成における支援先

	大学	ベンチャーキャピタル	公認会計士・会計事務所	経営コンサルタント	公的支援機関	友人・親族	外部助言得ず	作成せず
日本	30.58	28.51	17.77	16.94	29.34	14.05	19.01	3.31
イギリス	24.39	36.59	29.27	26.83	31.71	24.39	9.76	0.00

注：数値は，対象企業全体に占めるパーセンテージ。対象企業数は，日本234，イギリス41。

　事業計画策定にあたり助言を受けたことがある先として，日本の大学発ベンチャーは，大学（30.58）が最もパーセンテージが高く，公的支援機関（29.34），ベンチャーキャピタリスト（28.51）が続く。イギリスの大学発ベンチャーは，ベンチャーキャピタリスト（36.59）が最もパーセンテージが高く，公的支援機関（31.74），公認会計士・会計事務所（29.27）が続く。また，外部の助言は得ていない（日本：19.01，イギリス：9.76）のパーセンテージは，日本の大学発ベンチャーは，イギリスの2倍以上のパーセンテージに上る。

　外部資源との連携による技術知識，市場・顧客知識，事業計画策定における知識獲得のいずれも，日本の大学発ベンチャーは，大学，公的支援機関への依存度が高い。また，技術知識獲得を除く，事業計画策定における知識獲得，市場・顧客知識獲得において，いずれも第3位にベンチャーキャピタリストが入っている。

　論ずべきは，事業計画策定にあたっての助言受入において，日本の大学発ベンチャーは，「外部の助言は得ていない」のパーセンテージが，イギリスの2倍以上に上ることである。知識獲得に関しては，日本の大学発ベンチャーにおける外部資源との連携が，イギリスの大学発ベンチャーとの比較において進んでいないことが，質問票調査結果からは示唆される。

3 ネットワーク獲得

　外部資源との連携によるネットワーク獲得については，顧客獲得，すなわ

表7-6　顧客紹介

大学	ベンチャーキャピタリスト	弁護士・法律事務所	弁理士・特許事務所	公認会計士・会計事務所	経営コンサルタント	銀行	公的支援機関
2.982	2.638	1.935	1.995	2.229	2.465	2.47	2.787
(1.286)	(1.302)	(1.01)	(1.034)	(1.157)	(1.191)	(1.206)	(1.228)

注：数値の内，上段は，平均値（1. 全くそう思わない―3. どちらともいえない―5. 全くそう思うの5段階の平均値），下段は，（標準偏差）。対象企業は，234社。

ち，「顧客を紹介してくれる先」，人脈獲得，すなわち，「人脈を紹介してくれる先」，経営人材獲得，すなわち，最高経営責任者，最高技術責任者，最高財務責任者，最高営業責任者の「採用への協力を依頼した先」について，質問票調査結果を示す。

(1) 顧客

　外部資源との連携による顧客獲得，すなわち，「顧客を紹介してくれる先」について質問した。対象となる外部資源の選択肢としては，大学，ベンチャーキャピタリスト，弁護士・法律事務所，弁理士・特許事務所，公認会計士・会計事務所，経営コンサルタント，銀行，公的支援機関の8項目とした。

　連携により，「顧客を紹介してくれる先」としては，大学（平均値：2.982）が最も評価が高く，公的支援機関（2.787），ベンチャーキャピタリスト（2.638）が続いた（表7-6参照）。

(2) 人脈獲得

　外部資源との連携による人脈獲得，すなわち「人脈を紹介してくれる先」について質問した。対象となる外部資源の選択肢は，前質問と同じ8項目とした。

　連携により，「人脈を紹介してくれる先」としては，大学（平均値：3.529）

表 7-7　人脈紹介

大学	ベンチャーキャピタリスト	弁護士・法律事務所	弁理士・特許事務所	公認会計士・会計事務所	経営コンサルタント	銀行	公的支援機関
3.529	2.825	2.261	2.356	2.580	2.683	2.656	3.243
(1.22)	(1.279)	(1.107)	(1.15)	(1.222)	(1.217)	(1.224)	(1.256)

注：数値の内，上段は，平均値 (1. 全くそう思わない—3. どちらともいえない—5. 全くそう思うの 5 段階の平均値)，下段は，(標準偏差)。対象企業は，234 社。

が最も評価が多く，公的支援機関 (3.243)，ベンチャーキャピタリスト (2.825) が続いた (表 7-7 参照)。

(3) 経営人材獲得

　日本，及び，イギリスの大学発ベンチャーを対象として，経営人材獲得，すなわち，最高経営責任者，最高技術責任者，最高財務責任者，最高営業責任者の「採用への協力を依頼した先」について質問した。対象となる外部資源の選択肢としては，大学，ベンチャーキャピタリスト，弁護士・法律事務所，弁理士・特許事務所，公認会計士・会計事務所，経営コンサルタント，銀行，人材派遣会社，公的支援機関，個人的ネットワークとし，前問の 8 項目に，人材派遣会社，個人的ネットワークを追加している。また，一部選択肢のみ，日本とイギリスとが比較できる構成となっている (表 7-8 参照)。

最高経営責任者

　最高経営責任者「採用への協力を依頼した先」として，日本の大学発ベンチャーは，個人的ネットワーク (9.4%) が最も多く，大学 (3.42)，ベンチャーキャピタリスト (5.56) が続く。一方，イギリスの大学発ベンチャーは，人材派遣会社 (24.39) が最も多く，個人的ネットワーク (19.51)，大学 (2.44) と続く。

　特に，人材派遣会社について，イギリスは，24.39%と選択肢の中で最も高いパーセンテージである一方，日本は，人材派遣会社に依頼した大学発

表 7-8 経営人材獲得において採用への支援を依頼した先

最高経営責任者

	大学	ベンチャーキャピタリスト	弁護士・法律事務所	弁理士・特許事務所	公認会計士・会計事務所	経営コンサルタント	銀行	人材派遣会社	公的支援機関	個人的ネットワーク
日　本	3.42	5.56	0.43	0.00	1.71	1.28	1.71	0.00	1.71	9.40
イギリス	2.44	17.07	—	0.00	—	—	0.00	24.39	2.44	19.51

最高技術責任者

	大学	ベンチャーキャピタリスト	弁護士・法律事務所	弁理士・特許事務所	公認会計士・会計事務所	経営コンサルタント	銀行	人材派遣会社	公的支援機関	個人的ネットワーク
日　本	11.54	3.42	0.00	0.00	0.00	1.28	0.43	9.40	2.14	23.08
イギリス	14.63	0.00	—	0.00	—	—	0.00	9.76	0.00	17.07

最高財務責任者

	大学	ベンチャーキャピタリスト	弁護士・法律事務所	弁理士・特許事務所	公認会計士・会計事務所	経営コンサルタント	銀行	人材派遣会社	公的支援機関	個人的ネットワーク
日　本	1.71	8.97	0.43	0.00	5.13	2.14	2.99	9.83	4.70	19.66
イギリス	0.00	7.32	—	7.32	—	—	0.00	17.07	4.88	31.71

最高営業責任者

	大学	ベンチャーキャピタリスト	弁護士・法律事務所	弁理士・特許事務所	公認会計士・会計事務所	経営コンサルタント	銀行	人材派遣会社	公的支援機関	個人的ネットワーク
日　本	2.99	5.56	0.00	0.00	0.43	2.99	0.85	8.97	3.85	29.91
イギリス	2.44	2.44	—	0.00	—	—	2.44	26.83	0.00	29.27

注：数値は，対象企業全体に占めるパーセンテージ．対象企業数は，日本 234，イギリス 41．

ベンチャーは，0.00％であった点が，大きく異なる。また，日本は，個人的ネットワークのパーセンテージの高さが際立つ。

最高技術責任者

最高技術責任者「採用への協力を依頼した先」としては，日本，イギリスの大学発ベンチャー共に，個人的ネットワーク（日本：23.08％，イギリス：17.07％）が最も多く，大学（日本：11.54，イギリス：14.63），人材派遣会社（日本：9.40，イギリス：9.76）が続いた。

最高財務責任者

最高財務責任者「採用への協力を依頼した先」としては，日本とイギリスの大学発ベンチャー共に，個人的ネットワーク（日本：19.66，イギリス：31.71），が最も多く，人材派遣会社（日本：9.83，イギリス：17.7），ベンチャーキャピタリスト（日本：8.97，イギリス：7.32）と続く。

人材派遣会社が，日本，イギリスの大学発ベンチャー共に，第2位であるが，イギリスの支援依頼のパーセンテージは，日本の約2倍に上る。

最高営業責任者

最高営業責任者「採用への協力を依頼した先」としては，日本とイギリスの大学発ベンチャー共に，個人的ネットワーク（日本：29.91，イギリス：29.27）が最も多く，人材派遣会社（日本：8.97，イギリス：26.83），ベンチャーキャピタリスト（日本：5.56，イギリス：2.44）などと続く。人材派遣会社が，日本，イギリス共に，第2位であるが，イギリスの支援依頼のパーセンテージは，日本の3倍に上る。

日本の大学発ベンチャーにおける外部資源との連携によるネットワーク獲得に関する調査結果からは，顧客獲得，すなわち，「顧客を紹介してくれる先」，人脈獲得，すなわち，「人脈を紹介してくれる先」については，共に，大学が最も多く，公的支援機関，ベンチャーキャピタリストが続く。一方，経営人材獲得については，イギリスの大学発ベンチャーは，経営人材獲得に

おいて，人材派遣会社が主たる依頼先となっている一方，日本の大学発ベンチャーにおいては，経営人材獲得に当たって個人的ネットワークが中心となっていることが注目される。

4 資金調達

日本，及び，イギリスの大学発ベンチャーにおける，資金調達希望先，及び，実際の資金調達先についての質問票調査結果を示す。資金調達先の選択肢は，ベンチャーキャピタリスト，エンジェル投資家，民間企業，友人・家族，自己資本，銀行，公的補助金としている。

日本の大学発ベンチャーは，調達希望先として，自己資本 (1.634) が最も多く，ベンチャーキャピタリスト (1.487)，銀行 (1.482) が続く。実際の調達先については，自己資本 (1.608) が最も多く，公的補助金 (1.554)，銀行 (1.387) が続く。

一方，イギリスの大学発ベンチャーは，調達希望先として，ベンチャーキャピタリスト (1.683) が最も多く，エンジェル投資家 (1.561)，銀行 (1.439)，が続く。実際の資金調達先については，ベンチャーキャピタリスト (1.561)，が最も多く，エンジェル投資家 (1.488)，自己資金 (1.195) が続く (表7-9，表7-10参照)。

資金調達希望先と実際の資金調達先については，日本の大学発ベンチャーが，調達希望先，実際の資金調達先共に，自己資本が最も多い一方で，イギリスは，調達希望先，実際の資金調達先共に，ベンチャーキャピタリストが最も多い。

イギリスでは，ベンチャーキャピタリスト，エンジェル投資家，といったいわゆるリスクキャピタルへの出資を希望，かつ，実際に，資金を調達する大学発ベンチャーのパーセンテージが高い一方で，日本は，自己資本，公的補助金に依存する傾向がうかがえる。

表 7-9　資金調達希望先

	ベンチャーキャピタル	エンジェル投資家	民間企業	友人家族	自己資本	銀行	公的補助金
日本	1.487 (0.501)	1.295 (0.457)	1.411 (0.493)	1.393 (0.489)	1.634 (0.483)	1.482 (0.501)	1.679 (0.468)
イギリス	1.683 (0.471)	1.561 (0.502)	1.244 (0.435)	1.195 (0.401)	1.244 (0.435)	1.439 (0.502)	1.390 (0.494)

注：数値は，上段は，平均値，下段は，（標準偏差）。対象企業数は，日本234，イギリス41。平均値，（標準偏差）は，「2. 調達しようとした」「1. 調達しようとしていない，その他」の平均値。

表 7-10　資金調達先

	ベンチャーキャピタル	エンジェル投資家	民間企業	友人家族	自己資本	銀行	公的補助金
日本	1.369 (0.484)	1.207 (0.406)	1.333 (0.472)	1.342 (0.476)	1.608 (0.489)	1.387 (0.488)	1.554 (0.498)
イギリス	1.561 (0.502)	1.488 (0.506)	1.122 (0.331)	1.146 (0.358)	1.195 (0.401)	1.146 (0.358)	0.293 (0.461)

注：数値は，上段は，平均値，下段は，（標準偏差）。対象企業数は，日本234，イギリス41。平均値，（標準偏差）は，「2. 調達した」「1. 調達しようとしていない，その他」の平均値。

5　投資家からの知識・ネットワーク獲得

　日本，及び，イギリスの大学発ベンチャーを対象として，ベンチャーキャピタリストから出資を受けたと答えた大学発ベンチャーに対して，「どのような支援を受けたことがあるのか」，また，その内，「有効だった支援」について質問した。支援の選択肢は，「事業計画書の助言」「販路開拓の支援」「人事の助言」「研究開発人材の紹介」「営業販売人材の紹介」「経営人材の紹介」「投資以外の支援は受けていない」とした。

　日本の大学発ベンチャーは，ベンチャーキャピタリストから受けた支援として，「事業計画書の助言（1.695）」が最も多く，「販路開拓の支援（1.341）」「人事の助言（1.293）」と続いた。また，その内，有効であった支援については，

表 7-11　ベンチャーキャピタリストから受けた支援

	知識獲得			人材紹介			その他
	事業計画書	販路開拓	人事	研究開発人材	営業販売人材	経営人材	投資以外支援なし
日本	1.695 (0.463)	1.341 (0.477)	1.293 (0.458)	1.268 (0.446)	1.110 (0.315)	1.061 (0.241)	1.183 (0.389)
イギリス	1.609 (0.499)	1.217 (0.422)	1.217 (0.422)	1.348 (0.487)	1.043 (0.209)	1.130 (0.344)	1.261 (0.449)

注：数値は，上段は，平均値，下段は，（標準偏差）。対象企業数は，日本234，イギリス41。平均値，（標準偏差）は，支援を受けた，を2，受けていないを1とし，無回答，ベンチャーキャピタルからの出資を受けていない対象企業を除いたもの。

表 7-12　ベンチャーキャピタリストによる有効な支援

	知識獲得			人材紹介		
	事業計画書	販路開拓	人事	研究開発人材	営業販売人材	経営人材
日本	1.533 (0.502)	1.280 (0.452)	1.187 (0.392)	1.213 (0.412)	1.107 (0.311)	1.053 (0.226)
イギリス	1.478 (0.511)	1.130 (0.344)	1.174 (0.388)	1.174 (0.388)	1.000 (0.000)	1.000 (0.000)

注：数値は，上段は，平均値，下段は，（標準偏差）。対象企業数は，日本234，イギリス41。平均値，（標準偏差）は，有効を2，有効ではない，を1とし，無回答，ベンチャーキャピタルからの出資を受けていない，それぞれの選択肢について支援を受けていないとする対象企業を除いたもの。

「事業計画書の助言（1.533）」が最も多く，「販路開拓の支援（1.280）」「研究開発人材の紹介（1.213）」と続いた。

　一方，イギリスの大学発ベンチャーは，ベンチャーキャピタリストから受けた支援として，「事業計画書の助言（1.609）」が最も多く，「研究開発人材の紹介（1.348）」が続いた。また，その内，有効であった支援については，「事業計画書の助言（1.478）」が最も多く，「人事の助言（1.174）」「研究開発人材の紹介（1.174）」と続いた（表7-11，表7-12参照）。

　日本，イギリスの大学発ベンチャー共に，ベンチャーキャピタルから受けた支援，また，実際に有効であった支援としては，「事業計画の助言」が，

最も多い。

6 日本の大学発ベンチャーにおける外部資源連携
―章括―

　本章では，日本の大学発ベンチャーにおける外部資源との連携の現況について，日本の大学発ベンチャーを基礎に，一部，イギリスの大学発ベンチャーに対する質問票調査を交えて，その結果，すなわち，外部資源との信頼関係・緊密度，外部資源からの知識・ネットワーク，資金の獲得，さらには，投資家に着目し，ベンチャーキャピタリストとの連携による知識・ネットワーク獲得に関する質問票調査結果を示した。

(1) 信頼関係・緊密度

　「ビジネス上緊密な関係にある先」「個人的に緊密な関係にある先」といった関係の緊密度については，いずれも大学が最も高く，第2位以下には，公認会計士・会計事務所，弁理士・特許事務所，公的支援機関などが続く。

(2) 知識獲得

　外部資源との連携による技術知識，市場・顧客知識，事業計画策定における知識獲得のいずれも，日本の大学発ベンチャーは，大学，公的支援機関への依存度が高い。また，技術知識獲得を除く，事業計画策定における知識獲得，市場・顧客知識獲得において，いずれも第3位にベンチャーキャピタリストが入っている。
　論ずべきは，事業計画策定にあたっての助言受入において，日本の大学発ベンチャーは，「外部の助言は得ていない」パーセンテージが，イギリスの2倍以上に上ることである。知識獲得に関しては，日本の大学発ベンチャーにおける外部資源との連携が，イギリスの大学発ベンチャーとの比較におい

て，進んでいないことが，質問票調査結果からは示唆される。

(3) ネットワーク獲得

顧客獲得，すなわち「顧客を紹介してくれる先」，人脈獲得，すなわち「人脈を紹介してくれる先」については，共に，大学が最も多く，公的支援機関，ベンチャーキャピタリストが続くという結果となった。一方，経営人材獲得については，イギリスの大学発ベンチャーは，人材派遣会社が主たる依頼先となっている一方，日本の大学発ベンチャーにおいては，個人的ネットワークが中心となっている。

(4) 資金調達

日本の大学発ベンチャーが，調達希望先，実際の資金調達先共に，自己資本が最も多い一方で，イギリスは，調達希望先，実際の資金調達先共に，ベンチャーキャピタリストが最も多いという結果となっている。イギリスでは，ベンチャーキャピタリスト，エンジェル投資家といったいわゆるリスクキャピタルへの出資を希望，かつ，実際に，資金を調達する大学発ベンチャーのパーセンテージが高い一方で，日本は，自己資本，公的補助金に依存する傾向がうかがえる。

(5) 投資家からの知識・ネットワーク獲得

日本，イギリスの大学発ベンチャー共に，ベンチャーキャピタルから受けた支援，また，実際に有効であった支援として，「事業計画の助言」が最も多い。

(6) 外部資源連携における論点

(1) 信頼関係・緊密度，(2) 知識獲得，(3) ネットワーク獲得，(4) 資金獲

得，(5) 投資家からの知識・ネットワーク獲得，これら質問票調査の結果において論ずべきは，以下の4点である。

①日本の大学発ベンチャーは，信頼関係・緊密度，知識・ネットワーク，資金のいずれにおいても，大学への信頼，依存が高い。

②事業計画策定にあたっての助言受入において，日本の大学発ベンチャーは，「外部の助言は得ていない」パーセンテージが，イギリスの2倍以上に上る。

③経営人材獲得について，イギリスの大学発ベンチャーは，人材派遣会社が主たる依頼先となっている一方，日本の大学発ベンチャーにおいては，個人的ネットワークが中心となっている。

④資金調達希望先，及び，実際の資金調達先について，イギリスでは，ベンチャーキャピタリスト，エンジェル投資家といったいわゆるリスクキャピタルへの出資を希望，かつ，実際に，資金を調達する大学発ベンチャーのパーセンテージが高い一方で，日本は，自己資本，公的補助金に依存する傾向がうかがえる。

このように，質問票調査結果からは，日本の大学発ベンチャーにおいては，知識，人材，資金などの経営資源の調達における自社志向，また，外部資源の活用に際しても，大学への依存が非常に高く，他の外部資源との連携が十分ではないことが懸念される。

本書では，第2章において，日本の科学技術イノベーションの劣位性としての「自国，自社志向」について指摘した。本章の質問票調査結果によると，日本の大学発ベンチャーにおいて，外部資源連携は，大学発ベンチャー自身が主要な経営課題と認識する「顧客・販路」「資金調達」「人材」に並ぶ課題であることが想定される。次章以降では，経営課題としての「外部資源連携」について，その背景分析，及び，日本の大学発ベンチャーへの含意について論じる。

第8章

経営課題としての外部資源連携

> 本章では，日本の大学発ベンチャーにおける経営課題としての「外部資源連携」について論じる。以下では，大学発ベンチャーと外部資源との連携における論点として，ソーシャルキャピタル，知識・ネットワーク獲得に関する先行研究について概観した上で，外部資源との連携による知識・ネットワーク獲得，資金調達，人材獲得に着目し，「外部資源連携」の背景分析，及び，日本の大学発ベンチャーへの含意を述べる。

1 ソーシャルキャピタル及び知識獲得

(1) ソーシャルキャピタル

ソーシャルキャピタル (Social Capital) は，人々の間の積極的なつながりを蓄積することによって構成され，協力行動を可能とするような信頼，相互理解，共通の価値観，行動とされる (Cohen and Prusak, 2001)。

Garnsey and Heffernan (2005) は，ケンブリッジ大学を中心とするケンブリッジハイテククラスターの形成において，ソーシャルキャピタルが有効に機能したと指摘している。その上で，個々の企業組織，個人では解決できない地域の課題に，ハイテク起業家，及び，起業家にとっての外部資源が，共同で対応しようとする過程で，ソーシャルキャピタルが結集され，こうした

結集が，地域のネットワーク形成に貢献したと指摘する[1]。

　Cohen and Fields (1999) は，「シリコンバレーにおけるソーシャルキャピタルは，経済的，組織的アクターによって，具体的なイノベーションと競争を追求したことに伴い地域に生じた協業パートナーシップの観点から理解できる (Cohen and Fields, 1999: 109)」と述べると共に，シリコンバレーにおけるソーシャルキャピタルを媒介としたネットワークとして，大学，政府，ベンチャーキャピタルファーム，法律事務所，ビジネスネットワーク，ストックオプション，労働市場，産業特性などの外部資源の例を挙げ，「これら社会的組織，企業，手法間の生産的相互作用 (Cohen and Fields, 1999: 110)」の重要性を指摘している。その上で，Cohen and Fields (1999) は，「『彼は，信頼できる。彼は，正直である。彼が上手に，しっかりと，時間通りに自分の仕事を成し遂げることに関して彼を信頼していい』。これが，評価の中身であり，ビジネスとして価値のある信頼である (Cohen and Fields, 1999: 127)」と述べ，こうした生産的相互作用の背景には，相互信頼があると指摘する。

　大学発ベンチャーなどハイテクスタートアップスにとっての有力な外部資源の一つであるベンチャーキャピタリストと投資先企業との関係について，Higashide and Birley (2000) は，起業家とベンチャーキャピタリストとの関係性は，良好な個人的関係，及び，人間的側面によって補強される必要があると指摘している。Higashide and Birley (2002) は，ベンチャーキャピタリストを対象とした実証研究をもとに，ベンチャーキャピタリストと投資先のベンチャー企業の経営チームとの間の建設的な意見の交換は，ベンチャー企業の業績に正の影響を与える一方，個人的な感情の対立は，ベンチャー企業の業績に負の影響があると指摘している。

　大学発ベンチャーなどハイテクスタートアップスと外部資源との連携については，両者の生産的な連携におけるソーシャルキャピタル，すなわち，協

---

[1] イギリス・ケンブリッジ大学の技術移転機関に対するヒヤリングによると，ケンブリッジ大学には，カレッジの伝統が風土として根付いていることも，ソーシャルキャピタルを有効に機能させ，ハイテク企業の地域ネットワークの構築に貢献したとされる。すなわち，数学と工学，文学など，異なる専門を持つ人間が，1つのカレッジの寝泊まりし，その専門の垣根を越えた協力関係が，根付いているというのである。こうした非公式のネットワークが，ハイテクベンチャーの地域ネットワークの構築に寄与したという。

力行動を可能とするような信頼，相互理解，共通の価値観，行動 (Cohen and Prusak, 2001) の有用性をまず念頭に置く必要がある。

(2) 知識獲得

　Florida (1995) は，地域の学習機能に着目し，地域は，次第に，知識，アイディア，学習を鼓舞するインフラ環境を提供する場，「学習地域」として機能すると指摘する。その上で，従来の「大量生産地域」との比較で，「学習地域」は，製造インフラとして，イノベーション資源としての企業間ネットワーク，サプライヤーシステム，人的インフラとして，知識労働者，人的資源の継続的な進歩，継続的な教育と訓練を有すると指摘している。

　Macpherson and Holt (2007) は，知識，成長，ベンチャー企業に関する先行研究のサーベイから，ネットワークとの関係から起業家が学習する能力，意欲の重要性を述べると共に，こうした学習プロセスにおける，起業家の資質として，創造性，柔軟性の有用性を指摘している。

　Barney, Busentiz, Fiet and Moesel (1996) は，アメリカのベンチャーキャピタリストの投資先ベンチャー203社を対象に，ベンチャーキャピタリストによるアドバイスや支援によるベンチャーの経営チームにおける学習効果に関する実証研究をもとに，「現在のベンチャーにおける産業，及び，チームとしての参加期間が長いベンチャーの経営チーム程，ベンチャーキャピタリストによるビジネスマネジメントに関するアドバイスや業務支援をあまり歓迎しない一方，経営チームが過去に業務経験があり，他の業界での経験が長い場合には，ベンチャーキャピタリストからのビジネスマネジメントに関するアドバイスを歓迎する傾向にある」(Barney, Busentiz, Fiet and Moesel, 1996: 257) と述べ，起業家の知識獲得意欲の重要性を指摘している。さらに，DeClercq and Fried (2005) は，ベンチャーキャピタリストが，投資先ポートフォリオ企業の業績にどのような貢献ができるかについて論じ，ベンチャーキャピタリストのコミットメントの質，量，及び，受け入れ先のポートフォリオ企業によるベンチャーキャピタリストのコミットメントに対するオープンさの重要性を指摘している。

外部資源が，ベンチャーの成長に寄与する存在となっている状況下においては，ソーシャルキャピタル，すなわち，相互の信頼，理解がベースとなり，外部資源においては，当該ベンチャーに対する質，量共に十分なコミットメントがなされ，また，ベンチャーにおいては，外部資源によるのコミットメントへのオープンさ存在することが想定される。

2 知識・ネットワーク獲得

　外部資源による知識・ネットワーク提供機能に関する先行研究を概観した上で，知識・ネットワーク獲得における外部資源との連携について，その背景分析を行うと共に，日本の大学発ベンチャーへの含意を述べる。

(1) 外部資源による知識・ネットワーク提供機能

　大学発ベンチャーなどハイテクスタートアップスに関する先行研究によると，外部資源との有効，かつ効果的な連携による知識・ネットワークの獲得は，その成長に寄与するとされる。大学，投資家，その他の順に述べる。
　大学の技術移転機関について，DiGregorio and Shane (2003) は，市場ニーズの調査などの支援，弁理士・特許事務所などとのやり取り，さらには，人脈の紹介などにおいて，大学発ベンチャーを支援していると指摘している。アメリカ，イギリスの大学発ベンチャー創出に力を入れる大学は，大学発ベンチャーへの知識・ネットワークの提供を行っている。例えば，ケンブリッジ大学の技術移転機関・ケンブリッジエンタープライズは，発明管理，特許戦略，メンテナンス，ライセンス，マーケティングなどの大学の知的財産の技術移転業務に留まらず，ケンブリッジ大学の大学発ベンチャー起業家，及び，起業前の潜在的な起業家を主な対象として，起業家教育，技術開発，マーケティング計画策定の支援などを行っている。また，ケンブリッジ大学のカレッジの1つ，セントジョーンズカレッジ (St. John's College) が運営するインキュベーション施設，セントジョーンズイノベーションセンター (St. John's

Innovation Center)[2]では,テクノロジービジネスにおいて比較的初期投資が少なく,累積損失の解消までの期間が短いベンチャー群を"ソフト",初期投資が多く,累積損失の解消までに時間のかかるベンチャー群を"ハード"と位置づけ,こうした入居企業ごとに想定される技術,業界,競合の状況に応じて,アドバイスを行うなどの支援を行っている[3]。こうした大学発ベンチャー起業家,及び,起業前の潜在的な起業家を主な対象として支援を行う大学は,インペリアルカレッジ,オックスフォード大学など,大学発ベンチャー創出に熱心なイギリスのリサーチユニバーシティの技術移転機関,さらには,アメリカでも多数実施されている[4]。

投資家を巡って,Hellmann and Puri (2002) は,シリコンバレーのベンチャーキャピタリストを対象とした研究をもとに,ベンチャーキャピタリストは,その専門知識,及び,経営判断をもとにした投資先への知識・ネットワーク提供によって,投資先ハイテクスタートアップスに価値を付与していると指摘している。ベンチャーキャピタリストは,投資先企業に価値を付与しているとの研究は,この他にもある (Jain and Kini, 1994; Hellmann, 2000)。

公認会計士・会計事務所の機能を巡っては,Atwell (2000) が,「よき会計士は,企業が技術系企業として株式公開する上で,固有のリスクを徹底的に軽減するために,ビジネスモデルの組成や契約提携の支援をする」と述べ,

---

[2] セントジョーンズイノベーションセンター (St. John's Innovation Center) は,ケンブリッジ大学の研究の商業化を図る目的で,1987年に設立したテクノロジー系ベンチャーを主な対象としたインキュベーション施設である。約60社のテクノロジー系のベンチャーが入居し,これまでオートノミー (Autonomy),テクネティクス (Technetix) などの急成長大学発ベンチャーを輩出している。

[3] セントジョーンズイノベーションセンターへのインタビュー。セントジョーンズイノベーションセンターでは,これ以外にも,ネットワーク提供,資金調達支援など,さらには,テナントとして入居できない場合も,住所貸しなどの信用供与支援なども提供している。さらに,廊下を広めに作って,ミーティングスペースを確保し,入居企業同士のディスカッションを促すなど,きめ細かく対応を取っている。

[4] 日本の大学においても,先進的な産学連携,知財部局において,同様の支援は,広がりつつある。ただ,アントレプレナーシップ教育については,日本の大学・大学院教育は,不足しているとされる。ベンチャー企業の創出・成長に関する研究会編 (2008) によると,日本の18歳から65歳の成人のうち,大学・大学院で起業家養成コースを受講した経験を有する者は,1.6%にすぎない。これは,15.6%のアメリカ,14.0%のイギリス,21.0%のフランスと比較すると,13分の1から8分の1のレベルに留まる。

アメリカのハイテクスタートアップスを顧客とする公認会計士・会計事務所は，当該ハイテクスタートアップスの事業チームの一員として，ビジネスモデルの構築においても関与すると指摘している。

　弁護士・法律事務所の機能を巡って，棚橋 (1998) は，「顧客との関係，供給先との関係，（中略）会社を取り巻く一切の事象は，すべてある種の権利，義務関係に還元されるから，会社は，どういう権利を有し，どういう義務を課しているのかを明らかにし，会社が事業計画書通りの経営を進めて行く上で十分な権利を有しているのか，事業計画書の遂行を妨げるような義務を有していないかを確認し，洗い出す必要がある (棚橋，1998：108)」と述べ，顧客との関係など，法律面でのデューディリジェンスにおいて，ハイテクスタートアップスを顧客とする弁護士・法律事務所は，重要な機能を担うと指摘する。また，Johnson (2000) は，「会計士，マーケティング，コンサルタントやヘッドハンターは，希にしか顧客の取締役会に参加しないが，シリコンバレーの弁護士は，たいてい同席するので，顧客や顧客の事業のより近くにいて，全体の構図をよりよく見ることができ，顧客に適切なアドバイスをすることができる (Johnson, 2000: 326)」と述べた上で，シリコンバレーの弁護士・法律事務所は，ハイテクスタートアップス起業家により密着して，様々な知識・ネットワークを提供する機能を果たしていると指摘する。

(2) 大学依存

　日本，及び，一部イギリスの大学発ベンチャーを対象とした質問票調査の結果から，まず，論ずべきは，日本の大学発ベンチャーは，事業計画，技術，市場・顧客などの知識獲得，顧客，人脈などのネットワーク獲得のいずれにおいても，大学に依存していることである。

　大学を巡っては，近年，日本の大学においても，東京大学 TLO など，主要なリサーチユニバーシティの技術移転機関が，技術移転業務だけではなく，大学発ベンチャーの育成にも力を入れ，大学発ベンチャーの支援ニーズを満たす体制が作られつつある。また，日本の大学発ベンチャーにおいては，他の外部資源と比べて，大学への信頼が高く，ビジネス上，また，個人的緊密

度のいずれも高い。

　先行研究によると，知識・ネットワークの獲得は，信頼関係，さらには，大学発ベンチャー側の知識・ネットワーク獲得へのオープンさに依存すると想定される。こうした大学側の支援体制，大学発ベンチャーと大学との相互の信頼関係，緊密な関係などが，日本の大学発ベンチャーの大学依存を強めている背景にあろう。

　ただ，日本の大学発ベンチャーと大学との緊密な関係における懸念は，大学発ベンチャーの知識・ネットワーク獲得のよりどころとなる外部資源について，大学に偏りすぎることであろう。大学発ベンチャーを支援する大学のインキュベーション施設に対するインタビューでは，「私たちの提供するネットワークは，どうしても公的な機関に偏りがちであり，そうした情報にのみ頼るベンチャーは，民間企業とのタフな交渉などにおいて，若干たくましさに欠ける」との意見があった。大学が，大学発ベンチャーの成長に求められる知識・ネットワークをすべて提供できるわけではない。大学との緊密な連携を維持した上で，他の外部資源を模索し，結果的に，相対的な大学依存の状況が低下することが望ましいと考えられる。

　次に，投資家としてのベンチャーキャピタリストについて論じる。質問票調査結果からは，事業計画策定における知識獲得，及び，市場・顧客知識獲得については，共に，大学，公的支援機関に次ぐ第3位，ネットワーク獲得における顧客獲得，及び，人脈獲得については，共に，大学，公的支援機関に次ぐ第3位となった。また，ベンチャーキャピタリストから獲得した支援の内，有効なものとして，「事業計画書の助言」「販路開拓の支援」「研究開発人材の紹介」が上位を占めている。日本の大学発ベンチャーは，1990年代後半以前までは，投資先への経営支援については，ほとんど行わないベンチャーキャピタリストが主流とされたが (Yoshikawa, Phan and Linton, 2004)，2000年代以降，こうした状況が大きく変化していることがうかがえる。

　ただ，ベンチャーキャピタリストは，大学発ベンチャーとの信頼関係，緊密度が，他の外部資源と比べて下位に留まる。ベンチャーキャピタリストは，「互いに相手の弱みに付け込まないか」との質問については，8項目中最下位，また，「互いに約束を守るか」についても，8項目中7番目と低い結果となっ

ている。また,「ビジネス上緊密な関係にある先」「個人的に緊密な関係にある先」についても, ベンチャーキャピタリストは, ビジネス上の緊密度では, 8項目中7番目, また, 個人的緊密度でも, 8項目中7番目と低いレベルに位置している。相互の信頼・緊密な関係なくして, 大学発ベンチャーは, ベンチャーキャピタリストから, 有用な知識, ネットワークは得にくい。投資家としてのベンチャーキャピタリスト, 大学発ベンチャーの双方にとって, こうした信頼関係, 緊密度の向上が求められよう。

大学発ベンチャー起業家にあっては, 創業の段階から, ベンチャーキャピタリストの見極めが重要であろう。ベンチャーキャピタリストを単に資金調達先と捉えるよりは, 資金以上 (More Than Money) (Bygrave and Timmons, 1992) の知識・ネットワークの獲得先としてベンチャーキャピタリストの価値を評価すべきであろう。

最後に, 弁護士・法律事務所, 弁理士・特許事務所, 公認会計士・会計事務所について論じる。質問票調査結果からは, 知識獲得における技術知識獲得について, 弁理士・特許事務所が, 大学, 公的支援機関に次ぐ, 第3位に入った程度で, 上位にランクされることも少ない。

弁護士・法律事務所を例にすると, アメリカでは, 弁護士・法律事務所の一部が, ビジネスとして創業, 起業を支援している。会社設立, 資金調達, 販売, 提携, 知的財産権, ストックオプション計画, 雇用などで, 弁護士サービスが提供されている。アメリカの起業家は, 創業時から法務サービスを受けるケースも多く, 優れた法律事務所に認められ提携できれば, その事実がその後の経営に有利に働く。弁護士側から見れば, 莫大な成功報酬を期待できる (桐畑, 2003)。一方, 日本の弁護士・法律事務所は, 2000年まで, 自らの専門分野や実績を広告することが禁じられており, 起業家にとって, ビジネスを専門とする弁護士を見つけることが困難であった。また, そもそも創業などビジネスの分野に強い弁護士が少なかったことや, 法曹界全体として, ビジネスに関与することや莫大な利潤を求めることなどに関して, 否定的に対応してきた面もあるとされる (桐畑, 2003)。

しかし, 弁護士・法律事務所, 弁理士・特許事務所, 公認会計士・会計事務所についても変化の兆しがある。日本では, 大阪弁護士会, 弁理士会近畿

支部,関西公認会計士協会の有志によるベンチャー支援組織として「トリグラディ」が結成されるなど,先進的な取り組みが,日本においても散見される[5]。「トリグラディ」では,関西における有望な技術シーズをいかに事業化するかに際しての事業計画書作成,起業戦略の立案について,弁護士・法律事務所,弁理士・特許事務所,公認会計士・会計事務所が,別々に起業家との相談に応じるのではなく,チームとして支援する取り組みを行うと共に,大学発ベンチャーなどハイテクスタートアップスを対象とする事例教材などを作成する取り組みを行っている(奈良先端科学技術大学院大学編,2006)。

また,大学発ベンチャーなどハイテクスタートアップスの顧客基盤を構築しつつあるとする弁護士によると,「弁護士業界においては,弁護士数の増加により,弁護士も新規の事業開拓,他の弁護士との差別化が求められる。大学発ベンチャーをはじめとするポテンシャルの高い技術ベンチャーとのビジネスは,個人的には,今後有望と考え,少しずつ,この分野の事業の拡大とめざしている」と述べる。

大学発ベンチャー起業家にあっては,弁護士・法律事務所,弁理士・特許事務所,公認会計士・会計事務所の士業業界における新しい意識変化を見極め,知識・ネットワークの獲得先としての価値を考慮しつつ,ビジネスパートナーとして選択的に彼らとの関係を構築することが求められる。

3 資金調達

第6章では,日本の大学発ベンチャーの資金調達において,成長初期段階を担う公的資金の充実の一方,その後を引き継ぐべき投資資金の不足感が存在するという,日本の大学発ベンチャーに特有のデスバレー現象が存在すること,また,第7章では,日本の大学発ベンチャーの資金調達における自己

---

[5] ベンチャー支援組織 トリグラディのウェブサイト(http://trigla.com/)より。それによると,トリグラディは,有効で効率的にベンチャーを育てるための土壌作りのためとして形成されたもので,法律の専門家である弁護士・法律事務所,技術の専門家である弁理士・特許事務所,会計,財務の専門家である公認会計士・会計事務所の三士業を融合した専門家集団であり,共同作業による,ベンチャー支援を行うとしている。

資金，公的補助金依存の現況を指摘した。

　資金調達に資する外部資源との連携としては「投資家との信頼関係の構築」，さらには，外部資源との連携による「投資家紹介ネットワーク獲得」があろう。ここでは，「投資家との信頼関係の構築」における主要な論点として「情報の非対称性問題」，「投資家紹介ネットワーク獲得」における主要な論点として「外部資源における投資家紹介機能」に関する先行研究について概観した上で，資金調達における外部資源との連携について，その背景分析を行うと共に，日本の大学発ベンチャーの含意を述べる。

(1) 情報の非対称性問題

　大学発ベンチャーが，投資家との信頼関係を構築する際しての課題として，情報の非対称性問題がある。ベンチャー投資における情報の非対称性問題について，Chan (1983) は，「投資家すべてが高い情報のコストを有するようなベンチャーキャピタル市場においては，企業家は有望ではない事業を市場に提供するようになり，投資家は，ベンチャーキャピタル市場を避け，資金を他のリターンの低い投資に回すようになる (Chan, 1983: 1560)」と述べ，ベンチャーキャピタル市場では，投資家と企業家との情報の非対称性ゆえに，投資家が有望なベンチャーとそうでないベンチャーを識別することができず，投資家は，有望でないベンチャーに投資してしまうリスクを過大に認識する。その結果，資本コストの増大を引き起こし，有望なベンチャーは，高コストの資金調達を忌避してしまい，結果的に投資家が有望なベンチャーに投資できない現象を引き起こすと指摘している (Chan, 1983)。

　大学発ベンチャーにおいては，担保となるべき実物資産がほとんどないため，その事業性評価に際しては，大学発ベンチャーの所有する知的財産が，大きな比重を占める。さらに，大学発ベンチャーは，事業の基盤とする知的財産は，学術研究を目的とした大学の先端的な研究開発の成果によるものである。こうした要素は，投資家と大学発ベンチャーの間に，情報格差を生じやすく，情報の非対称性問題が認識されやすい状況となる。

(2) 外部資源による投資家紹介機能

　大学発ベンチャーにおけるネットワークの有用性について，Nicolaou and Birley (2003) は，起業機会探索プロセスの促進，優位なタイミングの創出，信頼の構築に加えて，資源へのアクセスを指摘し，これらは，大学発ベンチャー創業を促進させると指摘する。Shane and Stuart (2002) は，資金調達先を紹介可能な第三者との社会的ネットワークを会社創業前から持つ場合，他社よりも2.8倍の資金をベンチャーキャピタリストから調達していると指摘する。以下では，大学，及び，弁護士・法律事務所，弁理士・特許事務所，公認会計士・会計事務所について，先行研究を概観する。

　Vohora, Lockett and Wright (2002) は，大学について，大学の技術移転機関職員のネットワークを通じて，大学発ベンチャー起業家に対して，投資家を紹介することで，必要な資本の調達を可能にしていると指摘している。例えば，イギリス，ケンブリッジ大学で，大学発ベンチャー支援を担うケンブリッジエンタープライズは，ケンブリッジ地域のエンジェルネットワークと連携し，大学発ベンチャーと投資家を繋ぐ機能を果たしている (Cambridge Enterprise ed., 2007)。

　ハイテクスタートアップスの資金調達に果たす弁護士・法律事務所の機能について，Johnson (2000) は，自らの弁護士との実務経験から，契約先のハイテクスタートアップスの資金調達を可能とするために，自らネットワークを提供し，当該ハイテクスタートアップスの資金調達に貢献した事例を紹介した上で，シリコンバレーにおける弁護士・法律事務所の役割として，「事業発展のために必要なコンタクト先を紹介し，また段取りを付けることである (Johnson, 2000: 335)」と述べる。また，棚橋 (1998) は，アメリカのベンチャーを主要な顧客とする弁護士・法律事務所にとって，クライアントであるベンチャーが，資金調達を行うに際して，投資家からの「デューディリジェンスに十分耐えうるような会社，特に，会社の権利，義務という法律面で問題がない会社に仕立て上げること (棚橋, 1998：103)」が重要であると指摘し，ベンチャーの資金調達におけるビジネスパートナーとしての弁護士・法律事務所の果たす機能の大きさを指摘している。

さらに，ハイテクスタートアップスの資金調達に果たす公認会計士・会計事務所の機能について，Atwell (2000) は，「シリコンバレーの企業は，会計士を開発チームの中核に据えている。(中略) ハイテクのスタートアップスに投資するベンチャーキャピタリストは，金融や法律的な事柄に関して証券取引委員会の規則に準拠するように，また，彼らのもとめる到達点である株式公開に，手遅れ手違いがないように，このようなプロのアドバイザーを頼りにしている (Atwell, 2000: 355-356)」と述べた上で，公認会計士・会計事務所は，ベンチャーキャピタリスト，及び，弁護士・法律事務所と共に，ハイテクスタートアップスの資金調達に重要な役割を果たしている指摘する。北村 (1998) は，「ベンチャーキャピタルの『右腕』として必要な『援護団』の一員が，経験豊かな大手会計事務所の会計士である (北村, 1998：140)」と述べ，アメリカの公認会計士・会計事務所は，ハイテクスタートアップスの資金調達の『援護団』として機能していると指摘する。その上で，ハイテクスタートアップスの資金調達における，公認会計士・会計事務所のサービスとして，会計監査，税務申告社作成，国際的税務戦略に加えて，財務インフラ構築のアドバイス，コーポレイトファイナンス，上場に向けてのアドバイスなどを挙げた上で，短期的な融資の獲得に向けて，ベンチャービジネスに詳しい銀行の紹介，証券会社の紹介などを，シリコンバレーの公認会計士・会計事務所の機能として指摘している。

(3) 発展途上の投資家関係，紹介ネット構築

　資金調達における外部資源との連携については，主要な外部資源としての「投資家との信頼関係構築」「投資家紹介ネットワーク獲得」のそれぞれについて，その背景分析を行うと共に，日本の大学発ベンチャーへの含意を述べる。

投資家との信頼関係構築―情報の非対称性問題―
　投資家との信頼関係構築を巡っては，日本のベンチャーキャピタリストに対するヒヤリングにおいて，日本の大学発ベンチャーが転換点を迎えた

「2000年代後半以降，ベンチャーキャピタル業界全体として，特に，バイオ系大学発ベンチャーへの投資が縮小している」とした上で，「各社ともに，大学発ベンチャーについては，特に，知的財産を適正に評価しようという意識が高まっている」との意見があった。これは，知的財産の事業性評価をめぐっての情報の非対称性問題が顕在化している現状を示している。

こうした情報の非対称性問題の解決に寄与するのが，投資家との信頼関係構築である。Shane and Stuart (2002) は，会社創業以前から創業者がベンチャーキャピタリストやエンジェル投資家と関係を有する場合には，ベンチャーキャピタリストから出資される確率が高まると指摘し，資金調達の円滑化における投資家との関係構築の有用性を指摘している。大学発ベンチャー起業家は，自社の潜在性と不確実性などについて，投資家との間で，情報の非対称性問題を顕在化させない緊密な関係が求められる。

しかしながら，日本の大学発ベンチャーにおける投資家との信頼関係，緊密度は低い。主要な投資家であるベンチャーキャピタリストは，「互いに相手の弱みに付け込まない」との質問については，8項目中最下位，また，「互いに約束を守る」についても，8項目中7番目と低い。また，ビジネス上の緊密度では，8項目中7番目，また，個人的緊密度でも，8項目中7番目と低いレベルに位置している。その一方で，日本の大学発ベンチャーにおいて，ベンチャーキャピタリストは，資金調達希望先としては，自己資本に次いで2番目である。資金調達先として期待しているベンチャーキャピタリストとの信頼関係の低さは，資金調達に影を落とすこととなる。

一方，日本においては，新たな大学発ベンチャー投資家が現れている。その第1は，大学系ファンドである。2000年代前半以降，日本では，自らの大学の研究を事業化しようという大学発ベンチャーへの投資資金の供給に力を入れる大学が増加している。

2004年に設立された東京大学エッジキャピタルは，東京大学の技術や人材を利用したベンチャー企業への投資を業務としており，2004年7月に設立された，投資期間10年，投資額83億円のユーテック一号投資事業有限責任組合を運用している。また，2009年には，最終的な運用総額100億円を

目指した，ユーテック二号投資事業有限責任組合を設立している[6]。

また，阪大イノベーションファンドは，大阪大学発のベンチャー企業に投資するファンドで，独立系ベンチャーキャピタルである日本ベンチャーキャピタルが運営している[7]。ファンドの正式名称は，阪大イノベーション一号投資事業有限責任組合で，ファンド総額30億円，2003年から10年の契約期間で，運営方法としては，学内外の有識者による評価委員会にて，スクリーニングを実施している。こうした大学主導ファンドは，大学外から出資を募る形だが，ファンドごとに濃淡はあるものの，大学が，有力技術シーズの紹介，学内におけるプロモーション，投資先の選定などに関与しているケースが多い。

第2に，大学発ベンチャーの成功起業家による大学発ベンチャーファンドである。例えば，森下竜一氏らアンジェスMGの創業メンバーらが中心となって設立したバイオ・サイト・キャピタルは，2002年のアンジェスMGの株式公開で得た資金を活用し，2002年12月に設立され，2003年3月には，投資ファンド「バイオ・サイト・インキュベーション1号投資事業有限責任組合」を設立している。

バイオ・サイト・キャピタルは，投資事業と共に，バイオベンチャーを中心にライフサイエンス系のベンチャーに研究施設やオフィスなどを賃貸するラボ事業も行っている。バイオ・サイト・インキュベーション1号投資事業有限責任組合は，出資約束金額21億4000万円で，バイオベンチャーに長期安定的な資金を投資し，その成長，発展を支援し，投資パフォーマンスの向上を図るとしている。同じく，20億円規模の2号ファンドバイオ・サイト・

---

[6] 株式会社東京大学エッジキャピタルのウェブサイト，http://www.ut-ec.co.jp/cgi-bin/WebObjects/1201dac04a1.woa/wa/read/1201e777d02_0/
[7] 阪大イノベーションファンドのウェブサイト，http://www.crcast.osaka-u.ac.jp/innovation_fund/index.html/
それによると，ファンドの目的として，大阪大学発のベンチャー企業に対する資金，人材，事業面を総合的にバックアップすることにより，企業の加速度的成長を促す，大阪大学にある研究シーズの起業化に努め，大阪大学と日本ベンチャーキャピタルのネットワーク，及び，関連するベンチャー支援諸機関との協業により，産学連携の成果を産み出す，既存の企業に最先端技術の情報を伝達し，事業提携の機会を提供する，そして，大学発ベンチャーのリード的役割を果たすことにより，関西ひいては日本経済活性化に寄与することを挙げている。

インキュベーション2号投資事業有限責任組合の運営も，2005年から行っている[8]。投資先の内，2008年までに，カルナバイオサイエンス株式会社，株式会社ジャパン・ティッシュ・エンジニアリング，株式会社LTTバイオファーマ，株式会社総医研ホールディングスの4つの株式公開企業が生まれているとされる。

　大学発ベンチャー起業家にあっては，資金調達円滑化に向けた投資家との信頼関係構築を十分意識し，創業前段階から，そのネットワーク構築に努力すべきであろう。一方，大学発ベンチャーを対象とした新たな投資家，すなわち，大学系ファンドや大学発ベンチャー成功起業家によるファンドなど，新たな投資家にも着目すべきであろう。彼らは，純粋なリターンを目指す投資ではなく，メンターとしての役割も期待できる。

投資家紹介ネットワーク獲得—外部資源における投資家紹介機能—
　外部資源との連携による人脈獲得，すなわち「人脈を紹介してくれる先」について質問したところ，連携により，「人脈を紹介してくれる先」としては，大学が最も評価が多く，公的支援機関，ベンチャーキャピタリストが続いた。

　大学に対するヒヤリングでは，「大学によるファンドを紹介する」とした先進的な大学が多く存在する他技術移転機関のマネジャーの個人的な関係で，「ベンチャーキャピタル会社で大学発ベンチャーを担当するベンチャーキャピタリストの紹介，さらには，ビジネスパートナーとして出資の可能性のある同業界の中小，大手企業を紹介したりしている」との意見もあった。

　課題とすれば，弁護士・法律事務所，弁理士・特許事務所，公認会計士・会計事務所である。アメリカでは，弁護士・法律事務所，公認会計士・会計事務所らが，起業家のニーズに応じて，資金調達先を紹介する機能を担っている（棚橋，1998；北村，1998）一方，日本の弁護士・法律事務所，弁理士・特許事務所，公認会計士・会計事務所の人脈提供は，低いレベルに留まっている。北村（1998）は，自らの公認会計士としての経験から，日本の「監査法

---

[8] バイオ・サイト・キャピタル株式会社のウェブサイト，http://www.bs-capital.co.jp/index.html/，及び，日経産業新聞，2004年2月24日付記事。

人とベンチャーキャピタリストは，アメリカのように『ベンチャーキャピタリストに必要不可欠な援護団』の一員という密接なつながりを築くまでには至ってなく，必要があれば，連絡をとり合って協力するという関係であり，今後の密接な連携が課題となっている（北村，1998：167）」と指摘する。また，棚橋（1998）は，日本の弁護士の絶対数の少なさを指摘した上で，「わが国では，アメリカのようにベンチャー企業に弁護士が深く関与していく仕組みになっていない（棚橋，1998：128-129）」と指摘する。その上で，「ベンチャーやVCに携わる弁護士の役割は，我が国でも増大していくものと思われる（棚橋，1998：129）」と述べ，アメリカとの比較において，日本の弁護士・法律事務所は，ベンチャーキャピタリストとの連携が十分ではないことを示唆している。

　ただ，トリグラディなどの先進事例では，大学発ベンチャーなど，ハイテクスタートアップスを対象に，投資家の紹介，資金調達に関するコンサルティングを実施している。大学発ベンチャー起業家にあっては，連携すべき外部資源の選定にあたっては，こうした投資家紹介機能も考慮すべきであろう。

　大学発ベンチャー起業家にあっては，まず，投資資金の調達について，創業前の段階から，投資家，及び，投資家紹介ネットワークの構築を検討すべきであろう。

4 人材獲得

　第6章では，日本の大学発ベンチャーにおける経営課題としての「人材」に関する論点として，経営陣の相互補完性が十分ではない現状を指摘した。特に，日本の大学発ベンチャーにおいては，大学の教員，研究者が，最高経営責任者に就くケースが多いとされ，外部からビジネス経験を有する人材の登用が十分ではない。研究人材を巡っても，日本においては，そのルール整備が十分ではないことが懸念される。また，第7章では，日本の大学発ベンチャーにおいては，経営人材獲得に当たって個人的ネットワークが中心となっていることを指摘した。

人材獲得に資する外部資源との連携としては，外部資源による経営人材紹介があろう。ここでは，外部資源による経営人材紹介機能に関する先行研究を概観した上で，人材獲得における外部資源との連携について，その背景分析を行うと共に，日本の大学発ベンチャーへの含意を述べる。

(1) 外部資源による経営人材紹介機能

大学発ベンチャーに有用な外部資源は，大学発ベンチャーなど，ハイテクスタートアップスへの人材供給ネットワークを提供し，ハイテクスタートアップスの組織化の迅速化など，成長を実現しているとされる。

大学を巡っては，経営者，顧問など，ベンチャーを起こす上で必要な人的資源を提供するネットワークとのつながりを提供しているとされる (Dueker, 1997)。アメリカの大学の技術移転機関や支援組織に対し行ったヒヤリングでは，多くのリサーチユニバーシティにおいては，大学，及び，関連シードキャピタル，OB組織などが，経営者人材の非公式なネットワークを有しており，こうしたネットワークから，経験ある人材を，大学発ベンチャーに紹介する事例が，多数確認されている。

ベンチャーキャピタリストを巡って，Hellmann and Puri (2002) は，シリコンバレーの173社のハイテクスタートアップスを対象とした研究をもとに，ベンチャーキャピタリストが，設立当時からの経営者を外部からのCEOと入れ替えることによって，投資先企業の成長に重要な役割を担っていると指摘している。その結果，ベンチャーキャピタリストが支援している企業の方が，企業内の組織化をより早い時点で行っていると指摘している (Hellmann and Puri, 2002)。

公認会計士・会計事務所の人材紹介機能をめぐって，北村 (1998) は，「会計士は，ベンチャー企業の経営陣および従業員を採用するために，ベンチャー企業にヘッドハンターを紹介する。ヘッドハンターのデータベースには，随時100人以上の候補者が登録されており，適当な候補者をベンチャー企業に紹介する (北村, 1998：160)」と述べ，アメリカの公認会計士・会計事務所が，ハイテクスタートアップスの人材構築において，有効な支援を行っている

と指摘している。弁護士・法律事務所について，棚橋(1998)は，「シリコンバレーでは人材の流動が激しく，多くのものが新天地を求め，また，多くの企業が新しい人材を求める。例えば，ある会社の財務担当者として株式公開に寄与したものが，他の公開前ベンチャーに移りたいと考えており，できれば，今度は，最高財務責任者(CFO)級の待遇を受けたいと考えている。他方，あるベンチャー企業は株式公開を目指しており，外部からCFOを招聘したいと考えており，できれば，株式公開を経験した者の方がよいと考える。こうしたニーズが同一事務所のクライアントの中で生じていた場合，法律事務所はマッチメイキングの役割を果たすこともある(棚橋，1998：128)」と述べ，ハイテクスタートアップスを顧客とするシリコンバレーの弁護士・法律事務所は，クライアントの人材構築のニーズや方向性を理解し，調整者との機能を果たしていると指摘する。

(2) 個人的ネットワーク依存

経営陣の登用においては，イギリスの大学発ベンチャーは，人材派遣会社が主たる依頼先となっている一方，日本の大学発ベンチャーにおいては，経営陣登用に当たって，個人的ネットワークが中心となっている。イギリスの大学発ベンチャーに対するヒヤリングでは，「個人的つながりは，関係が悪くなった時に，大きな経営上のリスクとなるため，あまり親しい人材を経営陣に迎えない」との意見もあった。また，イギリスでは，人材派遣会社が，大学発ベンチャーに対して，ニーズを満たすビジネスを展開し，この分野で機能している。

一方，日本は，経営人材獲得に当たっては，多くが個人的ネットワークに頼らざるを得ない状況にある。日本の大学の技術移転機関に対するヒヤリングによると，「我々が，経営人材を紹介するよりも，大学の研究者出身の経営者で，社会的地位も高く，幅広い人脈を持っているケースがあり，こうした個人的ネットワークが，経営陣の構築においても有効に機能しているケースもある」との意見があった一方，大学発ベンチャーなどテクノロジー系ベンチャーを支援する事業を行う弁理士によると，「個人的ネットワークとは，

すなわち，研究室のポスドクであったり，親族であるケースが多い。欧米のハイテクベンチャーの成功事例にみられるドリームチーム的な経営陣は，日本の雇用環境では厳しい。また，サポーターとして経営人材を紹介しようにも，手持ちがない」との意見があった。一方，こうした状況下でも，日本のベンチャーキャピタル会社においては，子会社で，経営人材の紹介をビジネスとして併営するところも少数ながら存在する。

　大学発ベンチャー起業家にあっては，創業段階から，相互補完的な経営陣の構築を十分検討する必要があろう。外部からの経営人材の獲得は，日本においては，厳しい状況にあることから，相互補完的な経営陣の構築，すなわち，外部のビジネス経験を有する人材と研究人材の継続的関与にメドを付けた上での大学発ベンチャー創業が望ましい。大学発ベンチャー創業に際して，こうした経営人材紹介ネットワークを有するかどうかという点についても，外部資源とのビジネス関係を構築するに際して，十分考慮することが必要となろう。

5 経営課題としての外部資源連携―章括―

　本章では，外部資源との連携による知識・ネットワーク獲得，資金調達，人材獲得について着目し，経営課題としての外部資源の連携について，背景分析を行うと共に，日本の大学発ベンチャーへの含意を述べた。要旨は，以下の通りである。

(1) 知識・ネットワーク獲得

　先行研究によると，アメリカでは，有用な外部資源との連携による知識・ネットワークの獲得は，大学発ベンチャーの成長に寄与するとされる。一方，日本の大学発ベンチャーは，技術，市場・顧客，事業計画などの知識獲得，顧客，人脈などのネットワーク獲得のいずれにおいても，大学に大きく依存している。大学が，大学発ベンチャーの成長に求められる知識・ネットワー

クをすべて提供できるわけではない。大学との緊密な連携を維持した上で，他の外部資源を模索し，結果的に，相対的な大学依存の状況が低下することが望ましいと考えられる。

また，投資家としてのベンチャーキャピタリストについては，大学発ベンチャーとの信頼関係・緊密度が，他の外部資源と比べて下位に留まる。ベンチャーキャピタリスト，大学発ベンチャーの双方にとって，こうした信頼関係，緊密度の向上が求められよう。大学発ベンチャー起業家にあっては，創業の段階から，ベンチャーキャピタリストの見極めが重要であろう。ベンチャーキャピタリストを単に資金調達先と捉えるよりは，資金以上 (More Than Money) の知識，ネットワークの獲得先としてのベンチャーキャピタリストの価値を評価すべきであろう。

弁護士・法律事務所，弁理士・特許事務所，公認会計士・会計事務所については，質問票調査結果からは，知識獲得における技術知識獲得について，弁理士・特許事務所が，大学，公的支援機関に次ぐ，第3位に入った程度で，上位にランクされることも少ない。大学発ベンチャー起業家にあっては，弁護士・法律事務所，弁理士・特許事務所，公認会計士・会計事務所の士業業界における新しい意識変化を見極め，知識，ネットワークの獲得先としての価値を考慮しつつ，ビジネスパートナーとして選択的に彼らとの関係構築が求められよう。

(2) 資金調達

資金調達における外部資源との連携としては，主要な外部資源としての「投資家との信頼関係の構築」，さらには，「投資家紹介ネットワーク獲得」がある。本章では，「投資家との信頼関係の構築」における主要な論点として「情報の非対称性問題」，「投資家紹介ネットワーク獲得」における主要な論点として「外部資源における投資家紹介機能」に関する先行研究について概観した上で，資金調達における外部資源との連携について，その背景分析を行うと共に，日本の大学発ベンチャーへの含意を述べた。

ベンチャー投資における情報の非対称性問題とは，投資家と企業家との情

報の非対称性ゆえに，投資家が有望なベンチャーとそうでないベンチャーを識別することができず，投資家は有望でないベンチャーに投資してしまうリスクを過大に認識する。その結果，資本コストの増大を引き起こし，有望なベンチャーは，高コストの資金調達を忌避してしまい，結果的に，投資家が有望なベンチャーに投資できない現象を引き起こすことである (Chan, 1983)。大学発ベンチャーにおいては，担保となるべき実物資産がほとんどないため，その事業性評価に際しては，大学発ベンチャーの所有する知的財産が，大きな比重を占める。さらに，大学発ベンチャーは，事業の基盤とする知的財産は，学術研究を目的とした大学の先端的な研究開発の成果によるものである。こうした要素は，投資家と大学発ベンチャーの間に，情報格差を生じさせやすく，情報の非対称性問題が深刻化しやすい状況となる。

　大学発ベンチャー起業家にあっては，資金調達円滑化に向けた投資家との信頼関係構築を十分意識し，創業前段階から，そのネットワーク構築に努力すべきであろう。特に，大学発ベンチャーを対象とした新たな投資家，すなわち，大学系ファンドや大学発ベンチャー成功起業家によるファンドなど，新たな投資家にも着目すべきであろう。彼らは，純粋なリターンを目指す投資ではなく，メンターとしての役割も期待できる。

　また，外部資源による投資家紹介機能については，アメリカでは，有用な外部資源が，大学発ベンチャーなどハイテクスタートアップスへの投資家紹介機能を果たしている。一方，日本においては，大学，公的支援機関などが，大学系ファンドを紹介するなど一定の役割を担っているが，弁護士・法律事務所，弁理士・特許事務所，公認会計士・会計事務所などは，十分な機能を担えているとはいえない。大学発ベンチャー起業家にあっては，連携すべき外部資源の選定にあたっては，こうした投資家紹介機能も考慮すべきであろう。

　大学発ベンチャー起業家にあっては，まず，投資資金の調達について，創業前の段階から，投資家，及び，投資家紹介ネットワークの構築を検討すべきであろう。

(3) 人材獲得

　日本の大学発ベンチャーにおいては，大学の教員，研究者が，経営のトップである最高経営責任者に就くケースが多いとされ，外部からビジネス経験を有する人材の登用が十分ではない。また，研究人材を巡っても，日本においては，そのルール整備が，十分ではないことが懸念される。また，日本の大学発ベンチャーにおいては，経営人材獲得に当たって個人的ネットワークが中心となっていることを前章までに指摘した。

　人材獲得に資する外部資源との連携としては，外部資源による経営人材紹介がある。本章では，外部資源による経営人材紹介機能に関する先行研究を概観すると共に，人材獲得における外部資源との連携のあり方について，その背景分析を行うと共に，日本の大学発ベンチャーへの含意を述べた。

　先行研究によると，アメリカでは，有用な外部資源は，大学発ベンチャーなどハイテクスタートアップスへ人材供給ネットワークを提供し，ハイテクスタートアップスの組織化の迅速化など，成長を実現しているとされる。一方，日本では，経営人材獲得に当たっては，多くが個人的ネットワークに頼らざるを得ない状況にある。

　大学発ベンチャー起業家にあっては，創業段階から，相互補完的な経営陣の構築を十分検討する必要があろう。外部からの経営人材の獲得は，日本においては，厳しい状況にあることから，相互補完的な経営陣の構築，すなわち，外部のビジネス経験を有する人材と研究人材の継続的関与にメドを付けた上での大学発ベンチャー創業が望ましい。

　大学発ベンチャー創業に際して，こうした経営人材紹介ネットワークを有するかどうかという点についても，外部資源とのビジネス関係を構築するに際して，十分考慮することが必要となろう。

終　章

大学発ベンチャー"成長の壁"克服に向けて

1 大学発ベンチャー"成長の壁"克服に向けて―本書のまとめ―

　第1章では，大学発ベンチャー，外部資源について，先行研究をもとに論じた。本書においては，大学発ベンチャーについて，「大学で研究開発された知的財産を事業化する目的で設立されたベンチャー」と，モノ，すなわち，大学との技術面での関係を重視して，大学発ベンチャーを理解することを，まず述べた。大学の知的財産の社会還元の意義を評価すると共に，一般的なベンチャー，或いは，ハイテクスタートアップスと区別し，対象を明確化することが容易で，当該大学発ベンチャーへのより有用性の高い含意を提供することを考慮したためである。また，同章では，大学発ベンチャーの成長に寄与する可能性を有する外部資源のうち，特に，大学，ベンチャーキャピタリスト，エンジェル投資家などの投資家，さらに，弁護士・法律事務所，弁理士・特許事務所，公認会計士・会計事務所などに着目することを述べた。

　第2章では，大学発ベンチャーの特徴である，その潜在性，及び，不確実性について，先行研究をもとに論じた上で，日本の科学技術イノベーションシステムにおける大学発ベンチャーの意義について指摘した。大学発ベンチャーは，革新的，かつ，汎用的な基礎研究段階の大学の知的財産をベースに，革新的な製品・サービスを事業とし，新規市場の開拓を目指すベンチャーとして，高い潜在性の裏腹に，経営資源の制約，イノベーションリスク，ファイナンシャルリスクなど，高い不確実性を有することが特徴である。

　日本の科学技術イノベーションシステムは，優位性として，「技術開発投資」「特許取得」「非技術イノベーション」，劣位性として「ベンチャーファイナンス」「新マーケット志向，製品イノベーション」，さらに「自国，自社志

向」を指摘することができる。日本の科学技術イノベーションシステムにおける大学発ベンチャーの意義としては，日本の科学技術イノベーションシステムの劣位性として指摘される「新マーケット志向，製品イノベーション」を補完する。また，大学発ベンチャーによる起業家活動を通じて，日本の科学技術イノベーションシステムの劣位性としての「ベンチャーファイナンス」を活性化，さらに，外部資源などとの連携による「自国，自社志向」の脱却などが期待したい。

　第3章では，アメリカ，ヨーロッパ，日本の大学発ベンチャーの現状とその育成施策について論じた。アメリカには，世界的な企業に急成長を遂げたアメリカの大学発ベンチャーは数多い。大学発ベンチャーでは，グーグル，シスコシステムズ，ヒューレット・パッカード，クアルコムらが，アメリカの企業時価総額ランキングの上位に名を連ねている。

　アメリカでは，ヒューレット・パッカードの事例からもわかるように，半世紀以上前から，大学の技術の事業化において，大学発ベンチャーという手法が成果を挙げてきた。ただ，その活動が活発化，定着する状況が生まれたのは，1980年代以降のことであり，そのきっかけとなったのが，1980年に成立したバイ・ドール法である。バイ・ドール法が成立したことによって，連邦政府の資金による研究成果から生まれた特許権を大学が保有することが認められた。これにより，創業に伴う知的財産の取り扱いが簡素化され，大学などの研究者がより創業しやすくなったとされる (Stevens, Toneguzzo and Bostrom ed., 2005 他)。

　また，アメリカでは，1980年から2003年までに，4543社の大学発ベンチャーの設立が確認されている他，2007年1年間に設立された大学発ベンチャーは，555社に上る。1980年以降の毎年の大学発ベンチャー設立件数をみると，2000年代前半以降に，大学発ベンチャーの設立数は増加している。

　先端技術の事業化，商業化における競争環境の変化や，その変化を体現するアメリカの急成長大学発ベンチャーによる成果は，ヨーロッパの主要国において，大学発ベンチャー・産学連携施策の推進を加速させた。ヨーロッパの主要国の大学発ベンチャーの設立数について，Wright, Clarysse, Mustar and Lockett (2007) は，イギリスの1650社 (1981年から2003年まで)，ドイツの

470社から4000社（1997年から1999年）をはじめ，フランスは，1230社（1984年から2003年），オランダは，300社（1980年から1990年代まで），ベルギーは，320社（1980年から2005年），スウェーデンは，3000社から5000社（1990年代まで）とのデータを示している。

日本においては，1990年代後半以降，大学発ベンチャーの設立が急増した。株式会社日本経済研究所編（2009）によると，その直接効果は，市場規模は2659億円，雇用者数は1万7186人と推計，さらに，経済波及効果としては，4803億円，雇用誘発効果は，3万3000人と推計している。1800社以上に上る日本の大学発ベンチャーの中から，株式公開を果たした大学発ベンチャーも，20社を超えた。

日本の大学発ベンチャー急増の背景には，それに先立つ1990年代後半以降の政府による大学発ベンチャー創出促進政策がある。大学発ベンチャー育成による，日本経済は，もちろん，地域振興施策への波及効果を目的としたものである。

大学発ベンチャーが，地域振興政策に寄与するとされる理由は，大きく2つある。1つは，大学発ベンチャーによる大学との近接性ニーズである。大学発ベンチャーは，大学の知的財産をもとにしたベンチャーであることから，大学の拠点を置く地域で事業活動することが多い。第2に，有望な大学発ベンチャーの存在が，大学発ベンチャー育成，成長に寄与する外部資源としてのベンチャーキャピタリスト，弁理士・特許事務所，弁護士・法律事務所，公認会計士・会計事務所などを地域に呼び寄せ，地域の起業環境を向上させる。

第4章では，転換点を迎えた日本の大学発ベンチャーの現状について概観した上で，日本，及び，イギリスの大学発ベンチャーを対象とした質問票調査をもとに，"成長の壁"に直面する日本の大学発ベンチャーが抱える経営課題認識の上位として，「顧客・販路」「資金調達」「人材」の存在を指摘した。

1990年代後半以降，急速に設立数を増加させた日本の大学発ベンチャーだが，2000年代後半に入って，転換点を迎えている。大学発ベンチャーの新規設立の減少と倒産，廃業数の増加が進んでいる他，株式公開を果たす大学発ベンチャーの頭打ち傾向，さらには，株式公開を果たした企業において

も，その後の成長が鈍化している。他の産学連携促進施策における成果と比較すると，共同研究，受託研究，技術移転などの，大学発ベンチャー以外の産学連携活動は，ピークアウトせず，年々成果を上積している一方，日本の大学発ベンチャーは，設立数をみても，2004年がピークであり，その後は，減少傾向にある。また，廃業する大学発ベンチャーも急速に増加している。

　日本，及び，イギリスを対象とした質問票調査によると，日本の大学発ベンチャーは，「顧客・販路」「資金調達」「人材」を主要な経営課題としている。

　第5章以降では，日本の大学発ベンチャーの主要な経営課題について論じた。第5章では，日本の大学発ベンチャーの経営課題認識の上位「顧客・販路」「資金調達」「人材」の3つに着目した上で，「顧客・販路」については，「市場・顧客」，及び，「市場・顧客調査の実施時期」の現況，「資金調達」については，「資金調達の困難な時期」及び「株式公開による資金調達の意向」の現況，「人材」については，「経営陣の外部採用」及び「経営陣のビジネス経験」の現況について質問票調査結果を示した。

　「顧客・販路」については，日本の大学発ベンチャーは，イギリス，アメリカとの比較において，現在の顧客，将来の顧客希望としての一般消費者の平均値が低く，現在の顧客，将来の顧客希望の共に，6選択肢の中で最も平均値が低い。イギリスでは，現在の顧客，将来の顧客希望で，第3位と第2位，アメリカでは，現在の顧客で，第4位，将来の顧客希望で，第2位となっていることと好対照の結果である。また，大学について，日本の大学発ベンチャーは，現在の顧客，将来の顧客希望共に，第3位と顧客としての期待が比較的高い。その一方，イギリスでは，現在の顧客，将来の顧客希望共に，最下位，アメリカでは，現在の顧客として第4位，将来の顧客希望は，第5位という結果となっている。

　また，日本の大学発ベンチャーは，主力製品・サービスの市場・顧客調査実施時期について，イギリス，アメリカとの比較において，最も実施時期が遅い。さらに，主力製品・サービスの市場・顧客調査について，「実施していない」と答えた大学発ベンチャーの全体に占めるパーセンテージが，イギリスの3倍，アメリカの2倍に上る。

　「資金調達」については，資金調達の困難な時期について，日本の大学発

ベンチャーは,「2. 研究開発途中の段階」を最も資金調達が困難とする一方,イギリスの大学発ベンチャーは,「1. 研究開発の初期段階」を,最も資金調達が困難とする。また,資金調達の最も困難な時期についての平均値では,日本(平均値:3.192)が,イギリス(2.406)より,若干成長後期という結果となっている。また,株式公開による資金調達意向については,日本の大学発ベンチャーは,「公開希望あり」「公開予定」を合わせたパーセンテージで,45.73 と,イギリスの41.47 を,若干上回る結果となっている。

「人材」については,経営陣の外部登用について,日本の大学発ベンチャーは,イギリスとの比較において,最高経営責任者の外部からの登用に積極的ではない。さらに,日本は,イギリスとの比較において,外部からの経営陣の登用について,最高経営責任者,最高技術責任者,最高財務責任者,最高営業責任者というすべての選択肢で,外部から登用しようとしたことがあるとのパーセンテージが低い。また,経営陣のビジネス経験について,日本の大学発ベンチャーは,最高経営責任者,最高技術責任者において,「ビジネス経験なし」のパーセンテージが最も高い。

第6章では,第5章の質問票調査の結果に加えて,先行研究,日本,イギリス,アメリカの大学発ベンチャー,及び,関係機関に対するヒヤリング調査などから,主要な経営課題認識上位の「顧客・販路」「資金調達」「人材」の背景分析,及び,日本の大学発ベンチャーへの含意について論じた。

まず,日本の大学発ベンチャーの経営課題「顧客・販路」における論点は,技術マーケティングにおけるキャズムを克服できていない,あるいは,克服しようとしていない大学発ベンチャーが多数であることがあろう。すなわち,Rogers (1962) の顧客セグメントでいうイノベーター,アーリーアダプターが,ターゲットする顧客の中心であり,アーリーマジョリティ,レイターマジョリティを攻略できていない,或いは,攻略しようとしていない。今回の質問票調査のコンテクストにおいては,一般消費者の大多数は,アーリーマジョリティ,レイターマジョリティ以降と想定できる。日本の大学発ベンチャーにおいて,世界的な企業にまで成長した,アメリカのグーグル,サンマイクロシステムズ,ジェネンテックなどの急成長大学発ベンチャーが出現していない背景には,日本の大学発ベンチャーに多くみられる特有のキャズ

ム現象,すなわち発展途上の一般消費者志向がある。大学発ベンチャー起業家にあっては,この特有のキャズム現象の克服が経営上の重要な視点となろう。

「資金調達」については,成長初期段階を担う公的資金の充実の一方,その後を引き継ぐべき投資家資金の不足感がある。日本のベンチャーキャピタルの投資残高を,アメリカ,ヨーロッパと比較すると,2006年の実績で,日本は1兆円に対して,アメリカは28兆円,ヨーロッパは33兆円と,日本は,アメリカ,ヨーロッパの30分の1程度という規模となっている(経済産業省編,2008)。また,日本においては,エンジェル投資家の規模が小さい。経済産業省編(2008)によると,日本においては,1997年以降,エンジェル税制が創設されて,改正,拡充が行われているが,このエンジェル税制の活用は,最も多い年である2005年の実績においても,25億円弱にとどまっている。

また,日本における大学発ベンチャーの出口オプションの狭さは,大学発ベンチャーの資金調達において影響している。

日本の大学発ベンチャーの経営課題「資金調達」における論点として,公的資金の充実の一方,ベンチャーキャピタル投資,エンジェル投資家の層の薄さという特有のデスバレー現象,さらには,大学発ベンチャーなどのハイテクスタートアップスにおける出口オプションの少なさなどがある。大学発ベンチャー起業家にあっては,この特有のデスバレー現象の克服が,経営上の重要な視点となろう。

「人材」については,大学発ベンチャーの経営陣は,ビジネス経験を有する経営陣と研究者という相互補完的な経営陣が望ましいとされる。しかし,日本の大学発ベンチャーにおける経営陣の相互補完性については,十分ではない状況が想定される。特に,日本の大学発ベンチャーにおいては,大学の教員,研究者が,経営のトップである最高経営責任者に就くケースが多いとされ,外部からビジネス経験を有する人材の登用が十分ではない。また,研究人材を巡っても,日本においては,そのルール整備が万全ではない。

日本の大学発ベンチャーの経営課題「人材」における論点としては,外部からのビジネス経験者の獲得の困難さ,さらに,研究人材の継続的な関与に

関するルール，体制整備の不備などがある．大学発ベンチャー起業家にあっては，外部人材の獲得，研究人材活用に向けたルール，体制作りが，経営上の重要な視点となろう．

　第7章，第8章では，日本の大学発ベンチャーにおける経営課題としての「外部資源連携」に着目し，その背景分析，及び，日本の大学発ベンチャーへの含意について論じた．第7章では，日本の大学発ベンチャーにおける外部資源との連携の現況について，日本の大学発ベンチャーを基礎に，一部，イギリスの大学発ベンチャーに対する質問票調査を交えて，その結果，すなわち，外部資源との信頼関係・緊密度，外部資源からの知識・ネットワーク，資金の獲得，さらには，投資家に着目し，ベンチャーキャピタリストとの連携による知識・ネットワーク獲得に関する質問票調査結果を示した．

　信頼関係・緊密度では，「ビジネス上緊密な関係にある先」「個人的に緊密な関係にある先」といった関係の緊密度については，いずれも大学が最も高く，第2位以下には，公認会計士・会計事務所，弁理士・特許事務所，公的支援機関などが続く．知識獲得では，外部資源による技術知識，市場・顧客知識，事業計画策定における知識獲得のいずれも，日本の大学発ベンチャーは，大学，公的支援機関への依存度が高く，技術知識獲得を除く，事業計画策定における知識獲得，市場・顧客知識獲得において，いずれも第3位にベンチャーキャピタリストが入っている．

　また，事業計画策定にあたっての外部資源からの助言受入において，日本の大学発ベンチャーは，「外部の助言は得ていない」パーセンテージが，イギリスの2倍以上に上る．知識獲得に関しては，日本の大学発ベンチャーにおける外部資源との連携が，イギリスの大学発ベンチャーとの比較において進んでいないことが，質問票調査結果からは示唆された．

　ネットワーク獲得では，顧客獲得，すなわち，「顧客を紹介してくれる先」，人脈獲得，すなわち，「人脈を紹介してくれる先」については，共に，大学が最も多く，公的支援機関，ベンチャーキャピタリストが続くという結果となった．経営人材獲得については，イギリスの大学発ベンチャーは，人材派遣会社が主たる依頼先となっている一方，日本の大学発ベンチャーにおいては，個人的ネットワークが中心となっている．

資金調達では，日本の大学発ベンチャーが，調達希望先，実際の資金調達先，共に，自己資本が最も多い一方で，イギリスは，調達希望先，実際の資金調達先，共に，ベンチャーキャピタリストが最も多いという結果となっている。イギリスでは，ベンチャーキャピタリスト，エンジェル投資家といったいわゆるリスクキャピタルへの出資を希望，かつ，実際に，資金を調達する大学発ベンチャーのパーセンテージが多い一方で，日本は，自己資本，公的補助金に依存する傾向がうかがえる。

　投資家からの知識・ネットワーク獲得では，日本，イギリスの大学発ベンチャー共に，ベンチャーキャピタルから受けた支援，また，実際に有効であった支援として，「事業計画の助言」が最も多い。

　これら質問票調査結果において論ずべきは，(1) 日本の大学発ベンチャーにおいては，信頼関係・緊密度，知識・ネットワーク，資金のいずれにおいても，大学への信頼，依存が高い点，(2) 事業計画策定にあたっての助言受入において，日本の大学発ベンチャーは，「外部の助言は得ていない」パーセンテージが，イギリスの２倍以上に上る点，(3) 経営人材獲得について，イギリスの大学発ベンチャーは，人材派遣会社が主たる依頼先となっている一方，日本の大学発ベンチャーにおいては，個人的ネットワークが中心となっている点，(4) 資金調達希望先，及び，実際の資金調達先について，イギリスでは，ベンチャーキャピタリスト，エンジェル投資家といったいわゆるリスクキャピタルへの出資を希望，かつ，実際に，資金を調達する大学発ベンチャーのパーセンテージが高い一方で，日本は，自己資本，公的補助金に依存する傾向がうかがえる点である。

　日本の大学発ベンチャーにおいては，知識，人材，資金などの経営資源の調達における自社志向，また，外部資源の活用に際しても，大学への依存が高く，他の外部資源との連携が十分ではないことが懸念され，「外部資源連携」が，大学発ベンチャー自身が主要な経営課題を認識する「顧客・販路」「資金調達」「人材」に並ぶ課題であることが想定される。

　第8章では，日本の大学発ベンチャーにおける経営課題としての「外部資源連携」について，知識・ネットワーク獲得，資金調達，人材獲得に着目し，その背景分析，及び，日本の大学発ベンチャーへの含意を述べた。

知識・ネットワーク獲得についての先行研究によると，アメリカでは，外部資源との連携による知識，ネットワークの獲得は，大学発ベンチャーの成長に寄与するとされる。一方，日本の大学発ベンチャーは，技術，市場・顧客，事業計画などの知識獲得，顧客，人脈などのネットワーク獲得のいずれにおいても，大学に大きく依存している。大学が，大学発ベンチャーの成長に求められる知識，ネットワークをすべて提供できるわけではない。大学との緊密な連携を維持した上で，他の外部資源を模索し，結果的に，相対的な大学依存の状況が低下することが望ましい。

また，投資家としてのベンチャーキャピタリストについては，大学発ベンチャーとの信頼関係，緊密度が，他の外部資源と比べて，下位に留まる。投資家としてのベンチャーキャピタリスト，大学発ベンチャーの双方にとって，こうした信頼関係，緊密度の向上が求められる。大学発ベンチャー起業家にあっては，創業の段階から，ベンチャーキャピタリストの見極めが重要であろう。ベンチャーキャピタリストを単に資金調達先と捉えるよりは，資金以上（More Than Money）の知識・ネットワークの獲得先としてのベンチャーキャピタリストの価値を評価すべきである。

弁護士・法律事務所，弁理士・特許事務所，公認会計士・会計事務所については，質問票調査結果からは，知識獲得における技術知識獲得について，弁理士・特許事務所が，大学，公的支援機関に次ぐ，第3位に入った程度で，上位にランクされることも少ない。大学発ベンチャー起業家にあっては，弁護士・法律事務所，弁理士・特許事務所，公認会計士・会計事務所の士業業界における新しい意識変化を見極め，知識，ネットワークの獲得先としての価値を考慮しつつ，ビジネスパートナーとして選択的に彼らとの関係構築が求められる。

資金調達に資する外部資源との連携としては，主要な外部資源としての「投資家との信頼関係の構築」，さらには，外部資源との連携による「投資家紹介ネットワーク獲得」があろう。本書では，「投資家との信頼関係の構築」における主要な論点としての「情報の非対称性問題」，「投資家紹介ネットワーク獲得」における主要な論点としての「外部資源における投資家紹介機能」に関する先行研究について概観した上で，資金調達における外部資源と

の連携について，その背景分析，及び，日本の大学発ベンチャーへの含意を述べた。

　ベンチャー投資における情報の非対称性問題とは，投資家と企業家との情報の非対称性ゆえに，投資家が有望なベンチャーとそうでないベンチャーを識別することができず，投資家は有望でないベンチャーに投資してしまうリスクを過大に認識する。その結果，資本コストの増大を引き起こし，有望なベンチャーは高コストの資金調達を忌避してしまい，結果的に投資家が有望なベンチャーに投資できない現象を引き起こすことである (Chan, 1983)。大学発ベンチャーにおいては，担保となるべき実物資産がほとんどないため，その事業性評価に際しては，大学発ベンチャーの所有する知的財産が，大きな比重を占める。さらに，大学発ベンチャーは，事業の基盤とする知的財産は，学術研究を目的とした大学の先端的な研究開発の成果によるものである。こうした要素は，投資家と大学発ベンチャーの間に，情報格差を生じさせやすく，情報の非対称性問題が認識されやすい状況となる。

　大学発ベンチャー起業家にあっては，資金調達円滑化に向けた投資家との信頼関係構築を十分意識し，創業前段階から，そのネットワーク構築に努力すべきであろう。また大学発ベンチャーを対象とした新たな投資家，すなわち，大学系ファンドや大学発ベンチャー成功起業家によるファンドなど，新たな投資家にも着目すべきであろう。彼らは，純粋なリターンを目指す投資ではなく，メンターとしての役割も期待できる。

　外部資源による投資家紹介機能については，アメリカでは，有用な外部資源が，大学発ベンチャーなどハイテクスタートアップスへの投資家紹介機能を果たしている。一方，日本においては，大学，公的支援機関などが，大学系ファンドを紹介するなど，一定の役割を担っているが，弁護士・法律事務所，弁理士・特許事務所，会計士・会計事務所などは，十分な機能を担えているとはいえない。大学発ベンチャー起業家にあっては，連携すべき外部資源の選定にあたっては，こうした投資家紹介機能も考慮すべきである。

　大学発ベンチャー起業家にあっては，まず，投資資金の調達について，創業前の段階から，投資家，及び，投資家紹介ネットワークの構築を検討すべきであろう。

人材獲得については，日本の大学発ベンチャーにおいては，大学の教員，研究者が，最高経営責任者に就くケースが多いとされ，外部からビジネス経験を有する人材の登用が十分ではない。また，研究人材を巡っても，日本においては，そのルール整備が十分ではないことが懸念される。また，日本の大学発ベンチャーにおいては，経営人材獲得に当たって，個人的ネットワークが中心となっていることを指摘した。

人材獲得に資する外部資源との連携としては，外部資源による経営人材紹介がある。先行研究によると，アメリカでは，主要な外部資源は，大学発ベンチャーなどハイテクスタートアップスの人材供給ネットワークを提供し，ハイテクスタートアップスの組織化の迅速化など，成長を実現しているとされる。一方，日本では，経営人材獲得に当たっては，多くが，個人的ネットワークに頼らざるを得ない状況にある。

大学発ベンチャー起業家にあっては，創業段階から，相互補完的な経営陣の構築を，十分検討する必要があろう。外部からの経営人材の獲得は，日本においては，厳しい状況にあることから，相互補完的な経営陣の構築，すなわち，外部のビジネス経験を有する人材と研究人材の継続的関与にメドを付けた上で，大学発ベンチャー創業が望ましい。大学発ベンチャー創業に際して，こうした経営人材紹介ネットワークを有するかどうかという点についても，外部資源とのビジネス関係を構築するに際して十分考慮することが必要となろう。

2 ハイリスク，ハイリターン世界のプロフェッショナル

本書は，日本，イギリス，アメリカの大学発ベンチャー，及び，関係機関などへのヒヤリング，質問票調査などをもとに，日本の大学発ベンチャーにおける，"成長の壁"，すなわち，その経営課題としての「顧客・販路」「資金調達」「人材」，さらには，「外部資源連携」について，その現状と課題を論じると共に，その背景分析，及び，日本の大学発ベンチャーへの含意を提示することを目的としたものである。

最後に，これまでの議論をふまえて，少し視野を広げると，重要と考えられるのが，大学発ベンチャー経営におけるリスクとリターンの整合性があろう。本書において指摘した通り，大学発ベンチャーとは，革新的，かつ，汎用的な基礎研究段階の大学の知的財産をベースに，革新的な製品・サービスを事業とし，新規市場の開拓を目指すベンチャーとして，高い潜在性の裏腹に，経営資源の制約，イノベーションリスク，ファイナンシャルリスク，など，高い不確実性を有する。こうしたハイリスクながら，ハイリターンの可能性を有する企業体にふさわしい事業計画がまず求められる。

　先端科学技術をベースとするが故に，大学発ベンチャーは，技術の実現性，マーケティングといったイノベーションリスク，及び，資金面でのファイナンシャルリスクが高く，（Pfirrmann, Wupperfeld and Lerner, 1997），経営資源の制約も，より厳しいものとなる。革新的な製品，サービスの可能性を有しながら，ニッチな市場を目指す事業計画を遂行するとなれば，まず，資金調達に支障をきたす。さらに，人材獲得においても，優秀な人材の獲得は難しいであろう。なぜなら，この事業計画は，ハイリスクながらローリターンであるからである。

　大学の知的財産，特に，既存企業も，その事業化，商業化に躊躇するようなリスクの高い知的財産をベースとする以上，その事業計画構築においては，ハイリターンを目指すものでなければならない。こうしたハイリターンを目指すがゆえに，ハイリスク・ハイリターン事業のプロフェッショナルな，"人材"，"資金"，さらには，成長に寄与する"外部資源"を引き付けることができる。急成長を目指す大学発ベンチャー起業家にあっては，自らのベースとする知的財産のリスクにマッチしたリターンを見込める事業計画を，創業前の段階で確立すべきである。

　日本の起業環境は，資金，人材，さらには，外部資源のいずれの点においても，アメリカとの比較において十分ではない。ただ，本書でも指摘したように，ハイリスク，ハイリターンを前提として，大学発ベンチャーにコミットメントする意思を有する外部資源が，徐々に構築されるなど起業環境は改善しつつある。

　日本の大学発ベンチャーは，リスクに躊躇することなく，ハイリターンの

ビジネスを追求すべきであろう。ハイリスク，ローリターン，あるいは，ローリスク，ローリターンの世界では，大学発ベンチャー，及び，その成長に寄与する可能性を有する外部資源は，その特徴からも十分な活躍はできないであろう。ハイリスク，ハイリターンの世界におけるプロフェッショナルな存在として活躍することによってのみ，その存在意義が確認され，日本の科学技術イノベーションシステムの一翼を担う存在となることができる。

　日本においては，産業界，大きくは，社会全体として，こうしたハイリスク・ハイリターンのビジネスへの理解が低く，大学発ベンチャーに代表されるが，その存在感も極めて小さいと言わざるをえない。"万に1つの成功"ともいわれるベンチャー企業の内，とりわけ不確実性の高い大学発ベンチャー。グーグル，ジェネンテックなどのアメリカの大学発ベンチャーの爆発的な成長の事実を目の当たりにしているだけに，日本における大学発ベンチャーという存在を，日本の産業界，社会における"異質"なものとして，その潜在性の芽を摘むのではなく，日本の科学技術イノベーションシステムを強化する多様性の1つとして理解，及び，認識が進むことも期待したい。

参考文献

英語文献

Aldrich, Howard E. and C. Marlene Fiol (1994) "Fools Rush in? The Institutional Context of Industry Creation," *The Academy of Management Review*, 19(4), pp. 645–670.

Aoki, Masahiko (1999) "Information and Governance in the Silicon Valley Model," RIETI Discussion Paper, RIETI.

Atwell, James D. (2000) "Guiding the Innovators Why Accountants are Valued," in Lee Chong. Moon, Miller William. F., Mrguerite Gong Hanock and Henry S. Rowen ed., *The Silicon Valley Edge: A Habitat for Innovation and Entrepreneurship*, Stanford, CA: Stanford University Press, pp. 355–369.

Audretsch, David B. and Paula E. Stephan (1996) "Company-Scientist Locational Links: The Case of Biotechnology," *The American Economic Review*, 86(3), pp. 641–652.

Audretsch, David B. and Paula E. Stephan (1998) "How and Why Does Knowledge Spill Over? The case of Biotechnology," Centre for Economic Policy Research, Industrial Organization, Discussion Paper, No. 1991.

Autonomy Corporation plc. ed. (2009) *Consolidated Financial Statements for the year ended 31* December 2008

Autonomy Corporation plc. Ed. のウェブサイト, http://www.autonomy.com/content/Autonomy/introduction/index.en.html

Bahrami, Homa and Stuart Evans (1995) "Flexible Re-cycling and High Technology Entrepreneurship," *California Management Review*, 37(3), pp. 62–89.

Barney, Jay B. (1986) "Strategic Factor Markets: Expectations Luck and Business Strategy, Management," *Science*, 32(10), pp. 1231–1241.

Barney, Jay B. (1991) "Firm Resources and Sustained Competitive Advantage," *Journal of Management*, 17(1), pp. 99–120.

Barney, Jay B. (2002) *Gaining and Sustaining Competitive Advantage*, 2nd ed., Upper Saddle River, NJ: Prentice Hall.

Barney, Jay B., Douglas D. Moesel and Lowell W. Busenitz (1994) *Determinant of A New Venture Team's Receptivity to Advice from Venture Capitalists*, Frontiers of Entrepreneurship Research, pp. 321–335.

Barney, Jay B., Lowell W. Busenitz, James O. Fiet and Douglas D. Moesel (1996) "New Venture Team's Assessment of Learning Assistance from Venture Capital Firms," *Journal of Business*

Venturing, 11, pp. 257–272.

Barney, Jay B., Lowell W. Busentiz, James O. Fiet and Douglas D. Moesel (1996) "The Substitution of Bonding for Monitoring in Venture Capitalist Relations with High Technology Enterprises," *Journal of High Technology Management Research*, 7(1), pp. 91–105.

Barney, Jay B., Lowell W. Busentiz, James O. Fiet, Douglas D. Moesel (1989) "The Structure of Venture Capital Governance: An Organizational Economic Analysis of the Relations between Venture Capital Firms and New Ventures," *Academy of Management Proceedings*, pp. 64–68.

Barney, Jay B., Lowell W. Busentiz, James O. Fiet, Douglas D. Moesel (1994) "The Relationship between Venture Capitalists and Managers in New Firms: Determinants of Contractual Covenants," *Managerial Finance*, 20(1), pp. 19–30.

Baum, Joel A. C. and Brian S. Silverman (2004) "Picking Winners or Building Them Alliance, Intellectual and Human Capital as Selection Criteria in Venture Financing and Performance of Biotechnology Startups," *Journal of Business Venturing*, 19(3), pp. 411–436.

Benneworth, Paul and David Charles (2005) "University Spin-off Policies and Economic Development in Less Successful Regions: Learning from Two Decades of Policy Practice," *European Planning Studies*, 13(4), pp. 537–557.

Bhide, Amar V. (2000) *The Origin and Evolution of New Businesses*, New York: Oxford University Press.

Birley, Sue (1985) "The Role of Networks in the Entrepreneurial Process," *Journal of Business Venturing*, 1, pp. 107–117.

Black, Bernard S. and Ronald J. Gilson (1998) "Venture Capital and the Structure of Capital market: Bank versus Stock Market," *Journal of Financial Economics*, 47, pp. 243–277.

Blair, Desmond M. and David M. W. N. Hitchens (1998) *Campus Companies: UK and Ireland*, Ashgate publishing Company.

Bostrom Dana and Robert Tieckelmann ed. (2006) AUTM U. S. Licensing Survey FY 2005.

Bostrom Dana and Robert Tieckelmann ed. (2007) AUTM U. S. Licensing Activity Survey FY 2006.

Bostrom Dana, Ashley J. Stevens and Stuart Howe ed. (2005) AUTM Canadian Licensing Survey FY 2005.

Brav, Alon and Paul Gompers (1997) "Myth or Reality? The Long-Run Underperformance of Initial Public Offerings: Evidence from Venture and Non Venture Capital-Backed Companies," *Journal of Finance*, 52, pp. 1791–1821.

Brett, Alistair, David Gibson and Raymond Smilor eds. (1991) *University Spin-off Companies*, Rowman and Littlefield Publishers.

Bruce Caroline and Sean Flanigan ed. (2006) AUTM Canadian Licensing Survey FY 2005.

Burt, Ronald S. (1992) *Structural Holes: The Social Structure of Competition*, Boston, Mass.: Harvard

University Press.

Burt, Ronald S. (2002) "Bridge Decay," *Social Networks*, 24, pp. 333-363.

Busenitz, Lowell W. and Jay B. Barney (1997) "Differences between Entrepreneurs and Managers in Large Organizations: Biases and Heuristics in Strategic Decision-Making," *Journal of Business Venturing*, 12(1), pp. 9-30.

Busenitz, Lowell W., Carolina Gomez and Jennifer W. Spencer (2000) "Country Institutional Profiles," *Academy of Management Journal*, 43, pp. 994-1003.

Busenitz, Lowell W., Douglas D. Moesel, James O. Fiet, Jay B. Barney (1997) "The Framing of Perceptions of Fairness in the Relationships Between Venture Capitalists and New Venture Teams," *Entrepreneurship Theory and Practice*, 21(3), pp. 5-21.

Busenitz, Lowell W., G. Page West III, Dean Shepherd, Teresa Nelson, Gaylen N. Chandler, Andrew Zacharakis (2003) "Entrepreneurship Research in Emergence: Past Trends and Future Directions," *Journal of Management*, 29(3), pp. 285-308.

Busenitz, Lowell W., James O. Fiet and Douglas D. Moesel (2004) "Reconsidering the Venture Capitalists' "Value Added" Proposition: An Interorganizational Learning Perspective," *Journal of Business Venturing*, 19(6), pp. 787-807.

Bygrave, William D. and Andrew Zacharakis ed. (2007) *Entrepreneurship*, J. Wiley & Sons（高橋徳行・田代泰久・鈴木正明訳『アントレプレナーシップ』日経 BP 社，2009 年）．

Bygrave, William D. and Jeffry A. Timmons (1992) *Venture Capital at the Crossroads*, Boston, MA: Harvard Business School Press.（日本合同ファイナンス株式会社訳『ベンチャーキャピタルの実態と戦略』東洋経済新報社，1995 年）．

Cambridge Enterprise ed. (2007) *Annual Review 1st August 2006 -31st July 2007-*.

Charles, David and Cheryl Conway (2001) *Higher Education-Business Interaction Survey*, Centre for Urban and Regional Development Studies, University of Newcastle upon Tyne.

Chesbrough, Henry W. (2003) *Open Innovation: The New Imperative for Creating and Profiting from Technology*, Boston, MA: Harvard business school Press（大前恵一朗訳『OPEN INNOVATION』産業能率大学出版部，2004 年）．

Chesbrough, Henry W. (2006) *Open Business Models: How to Thrive in the New Innovation Landscape*, Boston, Mass.: Harvard business school Press（栗原潔訳『オープンビジネスモデル』翔泳社，2007 年）．

Chrisman, James, Timothy Hynes and Shelby Fraser (1995) "Faculty, Entrepreneurship and Economic Development: The Case of the University of Calgary," *Journal of Business Venturing*, 10, pp. 267-281.

Christensen, Clayton M. (1997) *The Innovator's Dilemma: When New Technologies Cause Great Firms to Fail*, Boston, Mass.: Harvard Business School Press（伊豆原弓訳『イノベーションのジレンマ』翔泳社，2000 年）．

Clarysse, Bart and Nathalie Moray (2004) "A Process Study of Entrepreneurial Team Formation: The Case of a Research-Based Spin-off," *Journal of Business Venturing*, 19, pp. 55-79.

Cohen, Don and Laurence Prusak (2001) In Good Company: How Social Capital Makes Organizations Work, Harvard Business School Press.

Cohen, Stephen S. and Gary Fields (2000) "Social Capital and Capital Gains: An Examination of Social Capital in Silicon Valley," in Kenney Martin ed. *Understanding Silicon Valley: the Anatomy of an Entrepreneurial Region*, Stanford, Calif.: Stanford University Press, pp. 218-240.

De Clercq Dirk and Vance H. Fried (2005) "How Entrepreneurial Company Performance can be Improved through Venture Capitalists' Communication and Commitment," *Venture Capital*, 7(3), pp. 285-294.

DiGregorio Dante and Scott Shane (2003) "Why Do Some Universities Generate More Start-ups Than Others?" *Research Policy*, 32, pp. 209-227.

Djokovic Djordje and Vangelis Souitaris (2006) "Spinouts from Academic Institutions: a Literature Review with Suggestions for Further Research," *Journal of Technology Transfer*, 33(3), pp. 225-247.

Dueker, Sutherlin (1997) "Biobusiness on Campus: Commercialization of University-Developed Biomedical Technologies," *Food and Drug Law Journal*, 52, pp. 453-509.

Dyer, Jeffrey H. and Harbir Singh (1998) "The Relational View: Cooperative Strategy and Sources of Interorganizational Competitive Advantage," *Academy of Management Review*, 23(4), pp. 660-679.

Eisinger, Peter K. (1988) *The Rise of the Entrepreneurial State: State and Local Economic Development Policy in the United States*, Madison, Wis.: University of Wisconsin Press.

Etzkowitz, Henry (1998) "Research Groups as 'Quasi-Firms': the Invention of the Entrepreneurial University," *Research Policy*, 27, pp. 823-833.

Etzkowitz, Henry, Andrew Webster, Christiane Gebhardt and Branca Regina Cantisano Terra (2000) "The Future of the University and the University of the Future: Evolution of Ivory Tower to Entrepreneurial Paradigm," *Research Policy*, 29, pp. 313-330.

Feldman Maryann P. and Richard Florida (1994) "The Geographic Sources of Innovation," *Annals of Association of American Geographers*, 84(2), pp. 210-229.

Flamholtz Eric G. and Yvonne Randle (1998) Growing Pains: How to Make the Transition from an Entrepreneurship to a Professionally Managed Firm, New and Revised ed., San Francisco: Jossey-Bass. (加藤隆哉監訳『アントレプレナーマネジメント・ブック』ダイヤモンド社, 2001年).

Florida, Richard (1995) "Towards the Learning Region," *Futures*, 27(5), pp. 527-536.

Florida, Richard and Martin Kenney (1988) "Venture Capital and High Technology Entrepreneurship," *Journal of Business Venturing* 3(4), pp. 301-319.

Florida, Richard and Martin Kenney (1988) "Venture Capital, High Technology and Regional Development," *Regional Study*, 22, pp. 33–48.

Florida, Richard and Martin Kenney (1988) "Venture Capital-Financed Innovation and Technological Change in the US," *Research Policy*, 17(3), pp. 119–137.

Florida, Richard and Martin Kenney (1993) "The New Age of Capitalism: Innovation-Mediated Production," *Futures*, 25(6), pp. 637–651.

Foster, Richard N. (1986) *Innovation: The Attacker's Advantage*, Summit Books（大前研一訳『イノベーション』阪急コミュニケーションズ，1987年）.

Friedman, Joseph and Jonathan Silberman (2003) "University Technology Transfer: Do Incentives, Management, and Location Matter?" *Journal of Technology Transfer*, 28, pp. 17–30.

Garnsey, Elizabeth and Paul Heffernan (2005) "High-technology Clustering through Spin-out and Attraction: The Cambridge Case," *Regional Studies*, 39(8), pp. 1127–1144.

Genentech, Inc. のウェブサイト，http://www.gene.com/gene/about/

Genentech, Inc. ed. (2009) We Are Genentech, 2008 Annual Report.

Gibson, David V. and Raymond W. Smilor (1991) "Key Variables in Technology Transfer: A Field-Study based Empirical Analysis," *Journal of Engineering and Technology Management*, 8(3), pp. 287–312.

Global Entrepreneurship Monitor (2007) Global Entrepreneurship Monitor 2007 Executive Report.

Goldfarb Brent and Magnus Henrekson (2003) "Bottom-up versus top-down policies towards the commercialization of university intellectual property," *Research Policy*, 32, pp. 639–658.

Google Inc. ed. (2009) *2008 Annual Report*.

Google Inc. のウェブサイト，http://www.google.com/corporate/

Granovetter, Mark (1985) "Economic Action and Social Structure: The Problem of Embeddedness," *American Journal of Sociology*, 91, pp. 481–510.

Gulati, Ranjay (1995) "Does Familiarity Breed Trust? The Implications of Repeated Ties for Contractual Choice in Alliances," *The Academy of Management Journal*, 38, pp. 85–112.

Gupta, Udayan eds. (2000) *Done Deals Venture Capitalists tell their stories*, Boston, Mass.: Harvard Business School Press（楡井浩一訳『アメリカを創ったベンチャーキャピタリスト』翔泳社，2002年）.

Hamada Yasuyuki, Tetsuya Kirihata and Mami Katagawa (2007) "Investing Activities in Japanese Venture Capital Firms and Venture Capitalists," Working Paper, 87, Graduate School of Economics, Kyoto University.

Hamao Yasushi, Frank Packer and Jay R. Ritter (2000) "Institutional Affiliation and the Role of Venture Capital: Evidence from Initial Public Offerings in Japan," *Pacific-Basin Finance Journal*, 8, pp. 529–558.

Hanks Steven H. and Gaylen N. Chandler (1995) "Patterns of Formalization in Emerging Business Ventures," *Frontiers of Entrepreneurship Research*, pp. 520–533.

Hellmann Thomas (2000) "Venture Capitalists: The Coaches of Silicon Valley," in Lee Chong. Moon, Miller William. F., Mrguerite Gong Hanock and Henry S. Rowen ed., *The Silicon Valley Edge: A Habitat for Innovation and Entrepreneurship*, Stanford, Calif.: Stanford University Press, pp. 276–294.

Hellmann Thomas and Manju Puri (2002) "Venture Capital and the Professionalization of Start-Up Firms: Empirical Evidence," *Journal of Finance*, 57, pp. 169–197.

Hewlett-Packard Company ed. (2009) *Annual Report 2008*.

Hewlett-Packard Company のウェブサイト,http://www.hp.com/hpinfo/abouthp/

Higashide, Hironori and Sue Birley (2000) "Value Created Through the Socially Complex Relationship Between the Venture Capitalist and The Entrepreneurial Team?" *Frontiers of Entrepreneurship Research*, pp. 308–319.

Higashide, Hironori and Sue Birley (2002) "The Consequences of Conflict Between the Venture Capitalist and the Entrepreneurial Team in the United Kingdom from the Perspective of the Venture Capitalist," *Journal of Business Venturing*, 17(1), pp. 59–81.

Hsu, David and Tim Bernstein (1997) "Managing the University Technology Licensing Process: Findings from Case Studies," *Journal of the Association of University Technology Managers*, 9, pp. 1–33.

Hugo, Ed, Roger Franklin, Chris Coffman, Jonathan Lawton, Martin Holi, Matt van Leeuwen, Richard White and Darren Harper (2008) "Looking Inwards, Reaching Outwards: The Cambridge Cluster Report 2007," Library house.

Jensen, Richard and Marie Thursby (2001) "Proofs and Prototypes for Sale: The Licensing of University Inventions," *The American Economic Review*, 91(1), pp. 240–259.

Johnson, Graig W. (2000) "Advising the New Economy: The Role of Lawyers," in Lee Chong. Moon., Miller William F., Mrguerite Gong Hanock and Henry S. Rowen ed., *The Silicon Valley Edge: A Habitat for Innovation and Entrepreneurship*, Stanford, CA: Stanford University Press, pp. 325–341.

Jones-Evans, Dylan, Magnus Klofsten, Ewa Andersson and Dipti Pandya (1999) "Creating a Bridge between University and Industry in Small European Countries: the role of the industrial Liaison Office," *R&D Management*, 29(1), pp. 47–56.

Kenney, Martin (1986) *Biotechnology: the University-Industrial Complex*, New Haven, Conn.: Yale University Press.

Kenney, Martin and Richard Florida (1993) "The Organization and Geography of Japanese R&D: Results from a Survey of Japanese Electronics and Biotechnology Firms," *Research Policy*, 23(3), pp. 305–322.

参考文献

Kenney, Martin and Richard Florida (1994) "Japanese Maquiladoras: Production Organization and Global Commodity Chains," *World Development*, 22(1), pp. 27–44.

Kenney, Martin and Richard Florida (2000) "Venture Capital in Silicon Valley: Fueling New Firm Formation," in Kenney Martin ed. *Understanding Silicon Valley: the Anatomy of an Entrepreneurial Region*, Stanford, Calif.: Stanford University Press, pp. 71–97.

Kenney, Martin and Urs Von Burg (2000) *Institutions and Economics: Creating Silicon Valley, in Kenney Martin ed. Understanding Silicon Valley: the Anatomy of an Entrepreneurial Region*, Stanford, Calif.: Stanford University Press, pp. 218–240.

Kenney, Martin ed. (2000) *Understanding Silicon Valley: The Anatomy of an Entrepreneurial Region*, Stanford, Calif.: Stanford University Press.

Kirihata, Tetsuya (2007a) Critical Success Factors in the Commercialization Process of Intellectual Property by New Technology Based Firms in Japan, Working Paper, 89, Graduate School of Economics, Kyoto University.

Kirihata, Tetsuya (2007b) "Critical Success Factors in the Commercialization Process of Intellectual Property by New Technology Based Firms in Japan," Working Paper, 89, Graduate School of Economics, Kyoto University.

Kirihata, Tetsuya (2007c) "The Cultivation of New Technology-Based Firms and Roles of Venture Capital Firms in Japan," Working Paper, 90, Graduate School of Economics, Kyoto University.

Kirihata, Tetsuya (2008a) "Regional Cluster Policy and Fostering New Technology based Firms in Japan," Working Paper, 99, Graduate School of Economics, Kyoto University.

Kirihata, Tetsuya (2008b) "The Challenges and Issues with Nanotechnology at the Product Development Stage," *Journal of Intellectual Property*, 5(2), pp. 65–71.

Kirihata, Tetsuya (2008c) "The Commercialization Process of New Technology Based Firms in Japan," *Kyoto Economic Review*, 76(2), pp. 241–249.

Kirihata, Tetsuya (2008d) "Venture Capitalist's Investment Decision Making in the New Technology Based Firms in Japan," Working Paper, 93, Graduate School of Economics, Kyoto University.

Kirihata, Tetsuya (2009) "Post-Investment Activities of Venture Capitalists When Making Investments in New Technology-Based Firms in Japan," *Kyoto Economic Review*, 78(1), pp. 39–51.

Kirihata, Tetsuya (2010a) The Formation Process and Characteristics of the Japanese Venture Capital Industry, Working Paper, 113, Graduate School of Economics, Kyoto University.

Kirihata, Tetsuya (2010b) The Function of Venture Capitalists Investing in New Technology Based Firms, Working Paper, 112, Graduate School of Economics, Kyoto University.

Kirihata, Tetsuya (2010c) Current Situations and Issues in the Management of Japanese University

Spinoffs, Working Paper, 114, Graduate School of Economics, Kyoto University.

Krugman, Paul (1991) *Geography and Trade*, Leuven, Belgium: Leuven University Press (北村行伸他訳『脱「国境」の経済学』東洋経済新報社, 1994年).

Lee, Chong Moon, Miller William F., Mrguerite Gong Hanock and Henry S. Rowen ed. (2000) *The Silicon Valley Edge: A Habitat for Innovation and Entrepreneurship*, Stanford, Calif.: Stanford University Press.

Lerner, Josh (1994a) "The Syndication of Venture Capital Investments," *Financial Management*, 23(3), pp. 16–27.

Lerner, Josh (1994b) "Venture Capital and decision to Go Public," *Journal of Financial Economics*, 35, pp. 293–316.

Lerner, Josh (1995) "Venture Capitalist and the Oversight of Private Firms," *Journal of Finance*, 50, pp. 301–318.

Lerner, Josh (1998) "Angel Financing and Public Policy: An Overview," *Journal of Banking and Finance*, 22, pp. 773–783.

Lerner, Josh (2000) "When Bureaucrats Meet Entrepreneurs: The Design of Effective Public Venture Capital Programs," in Lewis M. Branscomb eds. *Managing Technical Risk: Understanding Private Sector Decision Making on Early Stage, Technology-Based Projects, Advanced Technology Program* National Institute of Standards and Technology US Department of Commerce, pp. 80–93.

Lerner, Joshua (1994) "The Importance of Patent Scope: An Empirical Analysis," *The RAND Journal of Economics*, 25(2), pp. 319–333.

Lerner, Joshua (2005) "The University and the Start-Up: Lessons from the Past Two Decades," *Journal of Technology Transfer*, 30, pp. 49–56.

Library House ed. (2007) *Spinning Out Quality: University Spin-out Companies in the UK*, Library House.

Louis, Karen Seashore, David Blumenthal, Michael Gluck and Michael Stoto (1989) "Entrepreneurs in Academe: An Exploration of Behaviors among Life Scientists," *Administrative Science Quarterly*, 34(1), pp. 110–131.

Macpherson, Allan and Robin Holt (2007) "Knowledge, Learning and Small Firm Growth: A Systematic Review of the Evidence," *Research Policy*, 36(2), pp. 172–192.

Maison, Collin M. and Richard Harrison (1999) "Venture Capital: Rationale, Aims and Scope," *Venture Capital*, 1(1), pp. 1–46.

Mansfield, Edwin and Jeong-Yeon Lee (1996) "The Modem University: Contributor to Industrial Innovation and Recipient of Industrial R&D Support," *Research Policy*, 25, pp. 1047–1058.

Marsden, Peter (1981) "Introducing Influence Processes into a System of Collective Decisions," *The American Journal of Sociology*, 86(6), pp. 1203–1235.

Marshall, Alfred (1890) *Principles of Economics*, London: Macmillan. (馬場啓之助訳『経済学原理』東洋経済新報社, 1965年).

Massing, Daniel E. ed. (1996) AUTM U. S. Licensing Survey: FY 1991−FY 1995.
Massing, Daniel E. ed. (1997) AUTM U. S. Licensing Survey: FY 1996.
Massing, Daniel E. ed. (1998) AUTM U. S. Licensing Survey: FY 1997.
Massing, Daniel E. ed. (1999) AUTM U. S. Licensing Survey: FY 1998.
Miner, Anne S., Dale T. Eesley, Michael Devaughn and Thekla Rura-Polley (2001) "The Magic Beanstalk Vision: Commecializing University Inventions and Research," in Schoonhoven Claudia Bird and Elaine Romanelli ed., *The Entrepreneurship Dynamic*, Stanford, Calif: Stanford University Press, pp. 109−146.
Moore, Jeffrey A. (1991) Crossing the Chasm: Marketing and Selling High-Tech Products to Mainstream Customers, New York, N.Y. : Harper Business.
Nelson, Richard R. (1991) "Why Do Firms Differ and How Does It Matter?" *Strategic Management Journal*, 12, pp. 61−74.
Nicolaou, Nicos and Sue Birley (2003) "Academic Networks in a Trichotomous Categorization of University Spinouts," *Journal of Business Venturing*, 18, pp. 333−359.
Nonaka, Ikujiro and Hirotaka Takeuchi (1995) *The knowledge-Creating Company：How Japanese Companies Create the Dynamics of Innovation*, New York: Oxford University Press（梅本勝博訳『知識創造企業』東洋経済新報社，1996 年).
Nonaka, Ikujiro and Martin Kenney (1991) "Towards a New Theory of Innovation Management: A Case Study Comparing Canon, Inc. and Apple Computer, Inc.," *Journal of Engineering and Technology Management*, 8(1), pp. 67−83.
O'Shea, Rory, Thomas Allen, Arnaud Chevalier and Frank Roche (2005) "Entrepreneurial Orientation, Technology Transfer and Spinoff Performance of US Universities," *Research Policy*, 34, pp. 994−1009.
OECD (2001a) *Science, Technology and Industry Outlook Drivers of Growth: Information Technology, Innovation and Entrepreneurship 2001 Edition*.
OECD (2001b) *Science, Technology and Industry Outlook*, OECD Publication Service.
OECD (2003) *Science, Technology and Industry Scoreboard*, OECD Publication Service.
OECD (2008) *Science, Technology and Industry Outlook*, OECD Publication Service.
Office of the Secretary U. S. Department of Commerce (2002)*The Advanced Technology Program: Reform with a Purpose*.
Parker, Douglas and David Zilberman (1993) "University Technology Transfers: Impacts on Local and U. S. Economies," *Contemporary Policy Issues*, 11(2), pp. 87−99.
Penrose, Edith. (1959) *The Theory of the Growth of the Firm*, Oxford University Press.
Pfirrmann, Oliver, Udo Wupperfeld and Josh Lerner (1997) *Venture Capital and New Technology-Based Firms An US-German Comparison*, Heidelberg: Physica-Verlag（伊東維年，勝部伸夫，荒井勝彦，田中利彦，鈴木茂訳『ベンチャーキャピタルとベンチャービジネス』日本

評論社,2000年).

Podolny, Joel E. (1994) "Market Uncertainty and the Social Character of Economic Exchange," *Administrative Science Quarterly*, 39, pp. 458-483.

Porter, Michael E. (1980) *Competitive Strategy: Techniques for Analyzing Industries and Competitors*, New York, NY: The Free Press(土岐坤,中辻萬治,服部照夫訳『競争の戦略』ダイヤモンド社,1982年).

Porter, Michael E. (1998) *On Competition*, Boston, Mass.: Harvard Business School Publishing(竹内弘高訳『競争戦略論』ダイヤモンド社,1999年).

Pressman, Lori ed. (2000) AUTM U. S. Licensing Survey: FY 1999.

Pressman, Lori ed. (2001) AUTM U. S. Licensing Survey: FY 2000.

Pressman, Lori ed. (2002) AUTM U. S. Licensing Survey: FY 2001.

Pressman, Lori, Sonia Guterman, Irene Abrams, David Geist and Lita Nelsen (1995) "Pre-Production Investment and Jobs Induced by MIT Exclusive Patent Licenses: A Preliminary Model to Measure the Economic Impact of University Licensing," *Journal of Association of University Technology Managers*, 7, pp. 49-81.

Roberts, Edward (1991a) *Entrepreneurs in High Technology*, New York, Oxford University Press.

Roberts, Edward (1991b) "The Technological Base of The New Enterprise," *Research Policy*, 20, pp. 283-298.

Roberts, Edward and Denis Malone (1996) "Policies and structures for spinning off new companies from research and development organizations," *R&D Management*, 26(1), pp. 17-48.

Rogers Everett M. (1962) Diffusion of Innovations, New York, NY: Free Press.(藤竹暁訳,『技術革新の普及過程』東京,培風館)

Rumelt, Richard P. (1982) "Diversification Strategy and Profitability," *Strategic Management Journal*, 3, pp. 359-369.

Rumelt, Richard P. (1991) "How Much Does Industry Matter?" *Strategic Management Journal*, 12(3), pp. 167-185.

Samson, Karel and Michael Gurdon (1993) "University Scientists as Entrepreneurs: A Special Case of Technology Transfer and High-tech Venturing," *Technovation*, 13(2), pp. 63-71.

Saxenian, Anna Lee (1994) Regional Advantage: Culture and Competition in Silicon Valley and Route 128, Boston, Mass.: Harvard University Press(大前研一訳『現代の二都物語』講談社,1995年).

Schumpeter, Joseph A. (1934) *The Theory of Economic Development: An Inquiry into Profit, Capital, Interest and Business Cycle*, Cambridge, Mass.: Harvard University Press(中山伊知郎・東畑精一訳『経済発展の理論』岩波文庫,1951年).

Shane, Scott (2000) "Prior Knowledge and the Discovery of Entrepreneurial Opportunities,"

Organization Science, 11(4), pp. 448-469.

Shane, Scott (2001a) "Technology Opportunities and New Firm Creation," *Management Science*, 47(2), pp. 205-220.

Shane, Scott (2001b) "Technology Regimes and New Firm Formation," *Management Science*, 47(9), pp. 1173-1190.

Shane, Scott (2002a) "Organizational Endowments and the Performance of University Start-ups," *Management Science*, 48(1), pp. 154-171.

Shane, Scott (2002b) "Selling University Technology: Patterns from MIT," *Management Science*, 48(1), pp. 122-137.

Shane, Scott (2003) *A General Theory Of Entrepreneurship: The Individual-opportunity Nexus*, Northampton, MA, Mass.: Edward Elgar Publishing Inc.

Shane, Scott (2004) *Academic Entrepreneurship University Spinoffs and Wealth Creation*, Cheltenham, Glos, UK: Edward Elgar Publishing（金井一頼・渡辺孝監訳『大学発ベンチャー』中央経済社，2005年）.

Shane, Scott (2005) *Finding fertile Ground : Identifying Extraordinary Opportunities for New Ventures* Upper Saddle River, NJ: Wharton School Publishing（スカイライトコンサルティング訳『プロフェッショナル・アントレプレナ』英治出版，2005年）.

Shane, Scott and Daniel Cable (2002) "Network Ties Reputation and the Financing of New Ventures," *Management Science*, 48(3), pp. 364-381.

Shane, Scott and Frédéric Delmar (2004) "Planning for the Market: Business Planning Before Marketing and the Continuation of Organizing Efforts," *Journal of Business Venturing*, 19, pp. 767-785.

Shane, Scott and Rakesh Khurana (2003) "Bringing Individuals Back in: The Effects of Career Experience on New Firm Founding," *Industrial and Corporate Change*, 12(3), pp. 519-543.

Shane, Scott and Sankaran Venkataraman (2000) "The Promise of Entrepreneurship as a Field of Research," *Academy of Management Review*, 25(1), pp. 217-226.

Shane, Scott and Toby Stuart (2002) "Organizational Endowments and the Performance of University Start-ups," *Management Science*, 48(1), pp. 154-170.

Siegel, Donald, David Waldman and Albert Link (2003) "Assessing the Impact of Organizational Practices on the Relative Productivity of University Technology Transfer Offices: An Exploratory Study," *Research Policy*, 32, pp. 27-48.

Siegel, Donald, David Waldman, Leanne Atwater and Albert N. Link (2004) "Toward a Model of the Effective Transfer of Scientific Knowledge from Academicians to Practitioners: Qualitative Evidence from the Commercialization of University Technologies," *Journal of Engineering Technology Management*, 21, pp. 115-142.

Smilor, Raymond, George Kozmetsky and David Gibson (1988) "Technology and Economic

Development in the Modern Technopolis," *Technology in Society*, 10(4), pp. 433-445.

Smilor, Raymond, David Gibson and George Kozmetsky (1989) "Creating the Technopolis: High-Technology Development in Austin, Texas," *Journal of Business Venturing*, 4(1), pp. 49-67.

Smilor Raymond, David Gibson and Glenn Dietrich (1990) "University Spin-out Companies: Technology start-ups from UT-Austin," *Journal of Business Venturing*, 5(1), pp. 63-76.

Steffensen, Morten, Everett Rogers and Kristen Speakman (1999) "Spin-offs from Research Centers at a Research University," *Journal of Business Venturing*, 15, pp. 93-111.

Stevens Ashley J. ed. (2003) AUTM U. S. Licensing Survey: FY 2002.

Stevens Ashley J., Frances Toneguzzo and Dana Bostrom ed. (2005) AUTM U. S. Licensing Survey: FY 2004.

Stuart, Toby E., Ha Hoang and Ralph C. Hybels (1999) "Interorganizational Endorsements and the Performance of Entrepreneurial Ventures," *Administrative Science Quarterly*, 44, pp. 315-349.

Thursby, Jerry, Richard Jensen and Marie Thursby (2001) "Objectives, Characteristics and Outcomes of University Licensing: A Survey of Major U. S. Universities," *Journal of Technology Transfer*, 26, pp. 59-72.

Tieckelmann, Robert, Richard Kordal and Dana Bostrom ed. (2008) AUTM U. S. Licensing Survey FY 2007.

Timmons, Jeffry A. (1994) *New Venture Creation, 4th edition*, Richard D. Irwin Inc. (千本倖生，金井信次訳『ベンチャー創造の理論と戦略』ダイヤモンド社，1997年).

Tornatzky, Louis, Paul Waugaman and Denis Gray (1999) *Industry-University Technology Transfer: Models of Alternative Practice, Policy and Program, A Report of the Southern Technology Council*, Atlanta: Southern Technology Council.

Turbo Power Systems Inc. ed. (2008) *Turbo Power Systems Annual Report and Accounts 2007*.

Turbo Power Systems Inc. のウェブサイト，http://www.turbopowersystems.com/index.aspx

Tushman, Michael and Lori Rosenkopf (1992) "Organizational Determinants of Technological Change: Toward a Sociology of Technological Evolution," *Research in Organizational Behavior*, 14, pp. 311-347.

University of Chicago Technology ed. (2006) Annual Report 2005.

University of Chicago Technology ed. (2007a) Annual Report 2006.

University of Chicago Technology ed. (2007b) Uchicago Tech, Bringing Innovation to Life. 5 years Report.

Uttrback, James M. (1994) *Mastering the Dynamics of Innovation: How Companies Can Seize Opportunities in the Face of Technological Change*, Boston, Mass.: Harvard Business School Press.

Vise, Tavid A. and Mark Malseed (2005) *The Google Story*, New York: Random House.

Vohora Ajay, Andy Lockett and Mike Wright (2002) *Critical Junctures in the Growth in University High-*

Tech Spinout Companies, Nottingham University Business School.

Von Burg Urs and Martin Kenney (2000) "Venture Capital and the Birth of the Local Area Networking Industry," *Research Policy*, 29(9), pp. 1135-1155.

Wallmark, Torkel (1997) "Inventions and Patents at Universities: The Case of Chalmers University of Technology," *Technovation*, 17(3), pp. 127-139.

Wetzel, William E. Jr. (1981) "Informal Risk Capital in New England," *Frontiers of Entrepreneurship Research*, pp. 217-245.

Wetzel, William E. Jr. (1997) "Venture Capital," in William D. Bygrave eds., *The Portable MBA in Entrepreneurship*, 2nd edition, New York, NY: J. Wiley, pp. 184-209.

Wright, Mike, Andy Lockett, Bart Clarysse and Martin Binks (2006) "University Spin-out Companies and Venture Capital," *Research Policy*, pp. 481-501.

Wright, Mike, Bart Clarysse, Philippe Mustar and Andy Lockett (2007) *Academic Entrepreneurship in Europe*, Cheltenham: Edward Elgar.

日本語文献

アンジェス MG のウェブサイト，http://www.anges-mg.com/company/index.htm
アンジェス MG 株式会社（2009）「第 10 期（自平成 20 年 1 月 1 日 至平成 21 年 12 月 31 日 有価証券報告書」．
オンコセラピーサイエンス株式会社編（2009）「第 8 期（自 平成 20 年 4 月 1 日 至 平成 21 年 3 月 31 日）有価証券報告書」．
株式会社価値総合研究所編（2006）「平成 17 年度　大学発ベンチャーに関する基礎調査報告書」．
北村幸正（1998）「会計事務所」今井賢一監修（1998）『ベンチャーズインフラ』NTT 出版，133-176 頁．
経済産業省産業技術環境局大学連携推進課編（2006）「産学連携推進小委員会　参考資料」．
棚橋元（1998）「法律事務所」今井賢一監修（1998）『ベンチャーズインフラ』NTT 出版，77-132 頁．
トランスジェニックのウェブサイト，http://www.transgenic.co.jp/jp/corporation/index.html
ナノキャリアのウェブサイト，http://www.nanocarrier.co.jp/company/index.html
ナノキャリア株式会社編（2009）「第 13 期（自平成 20 年 4 月 1 日 至平成 21 年 3 月 31 日 有価証券報告書」．
バイオ・サイト・キャピタル株式会社のウェブサイト，http://www.bs-capital.co.jp/index.html
ベンチャーエンタープライズセンターベンチャービジネス動向調査研究会編（2009）「2008 年ベンチャービジネスの回顧と展望」．

ベンチャー企業の創出・成長に関する研究会編 (2008)「ベンチャー企業の創出・成長に関する研究会　最終報告書」．

文部科学省編 (2009)「平成 20 年度 大学等における産学連携等実施状況について」．

文部科学省高等教育局高等教育企画課高等教育政策室編 (2006)「我が国の大学の競争力強化と国際展開に関連する参考資料」．

医薬経済社編 (2005)『医薬品ベンチャー企業要覧 (平成 17 年版)』医薬経済社．

岡村公司，大澤秀一，土屋秀文，未本一茂，水上貴史，髙橋仁 (2005)「大学発ベンチャー向けファンドの投資戦略」大和総合研究所，経営情報サーチ．

株式会社 ECI 編 (2009)「第 10 期 (自 平成 20 年 6 月 1 日 至 平成 21 年 5 月 31 日) 有価証券報告書」．

株式会社 LTT バイオファーマ編 (2009)「第 7 期 (自 平成 20 年 4 月 1 日 至 平成 21 年 3 月 31 日) 有価証券報告書」．

株式会社ディー・ディー・エス編 (2009)「第 14 期 (自 平成 20 年 1 月 1 日 至 平成 20 年 12 月 31 日) 有価証券報告書」．

株式会社トランスジェニック編 (2009)「第 11 期 (自 平成 20 年 4 月 1 日 至 平成 21 年 3 月 31 日) 有価証券報告書」．

株式会社メディネット編 (2009)「第 13 期 (自 平成 19 年 10 月 1 日 至 平成 20 年 9 月 30 日) 有価証券報告書」．

株式会社価値総合研究所編 (2007)「平成 18 年度　大学発ベンチャーに関する基礎調査報告書」．

株式会社価値総合研究所編 (2008)「平成 19 年度　大学発ベンチャーに関する基礎調査報告書」．

株式会社総医研ホールディングス編 (2008)「第 14 期 (自 平成 19 年 7 月 1 日 至 平成 20 年 6 月 30 日) 有価証券報告書」．

株式会社日本経済研究所編 (2009)「平成 20 年度　大学発ベンチャーに関する基礎調査報告書」．

桐畑哲也 (2003)「大学発ベンチャー育成とベンチャーキャピタル　求められるベンチャーキャピタリストの投資先育成能力」『三菱総合研究所所報』42，58-78 頁．

桐畑哲也 (2004)「ノノテクノロジ —— 事業化とデスバレー現象」『JAPAN VENTURES REVIEW』5，73-80 頁．

桐畑哲也 (2005)「新技術ベンチャーにおけるデスバレー現象」『JAPAN VENTURES REVIEW』6，25-34 頁．

桐畑哲也 (2006a)「ナノテク・材料のビジネス戦略」井上明久監修『ナノマティリアル工学体系　第 2 巻　ナノ金属』フジ・テクノシステム，11-17 頁．

桐畑哲也 (2006b)「ベンチャーキャピタルと産業再生」浅田孝幸編『産業再生と企業経営』大阪大学出版会，139-160 頁．

桐畑哲也 (2006c)「ベンチャーキャピタルの新技術ベンチャー投資と投資後活動」上總康行・澤邉紀生編『次世代管理会計の構想』中央経済社，217-235頁.
桐畑哲也 (2006d)「新技術，成長初期ベンチャー投資におけるベンチャーキャピタリストの機能」『経済論叢』178(4)，425-439頁.
桐畑哲也 (2006e)「新技術ベンチャー創出とベンチャーキャピタルの投資後活動」『JAPAN VENTURES REVIEW』7，33-42頁.
桐畑哲也 (2006f)「知的財産マネジメントと技術経営」根本孝・歌代豊編著『マネジメント基本全集第6巻 ── 技術経営』学文社，127-141頁.
桐畑哲也 (2007)「新技術，成長初期ベンチャー投資におけるベンチャーキャピタリストの機能」『経済論叢』.
桐畑哲也 (2010a)「我が国大学発ベンチャーにおける外部資源活用の現状と課題」，ワーキングペーパー，78，京都大学大学院経済学研究科.
桐畑哲也 (2010b)「我が国ベンチャーキャピタルの投資前及び投資後活動の現況」，ワーキングペーパー，79，京都大学大学院経済学研究科.
桐畑哲也・参鍋篤司・山倉健 (2009a)「大学発ベンチャーの外部資源活用 ── 日英比較」ワーキングペーパー，74，京都大学大学院経済学研究科.
桐畑哲也・参鍋篤司・山倉健 (2009b)「大学発ベンチャーの顧客 ── 日英米比較」，ワーキングペーパー，75，京都大学大学院経済学研究科.
桐畑哲也・参鍋篤司・山倉健 (2009c)「大学発ベンチャーの資金調達 ── 日英比較」ワーキングペーパー，73，京都大学大学院経済学研究科.
桐畑哲也・参鍋篤司 (2010)「大学発ベンチャーの業績パフォーマンスと経営者のビジネス経験」，ワーキングペーパー，77，京都大学大学院経済学研究科.
桐畑哲也編著，久保浩三，戸所義博，岩田章裕著 (2005)『ナノテク革命を勝ち抜く』講談社.
久保広晃・桐畑哲也 (2010)「大学発ベンチャーの成長段階と外部資源活用─株式会社キャンパスの事例」，ワーキングペーパー，80，京都大学大学院経済学研究科.
近藤正幸 (2001)「大学・研究所発ベンチャー創出のドイツモデル ── アメリカを凌ぐ大学からの起業」『JAPAN VENTURES REVIEW』2，57-70頁.
近藤正幸 (2002a)「急展開し始めた日本の大学発ベンチャーの現状と課題」『JAPAN VENTURES REVIEW』3，101-108頁.
近藤正幸 (2002b)『大学発ベンチャーの育成戦略』中央経済社.
近藤正幸 (2003)「ベンチャー・クラスター ── 札幌における大学発バイオベンチャー創出メカニズムを例にして」『JAPAN VENTURES REVIEW』4，25-36頁.
経済産業省編 (2002)『通商白書』
経済産業省編 (2004)「産業クラスター計画」
経済産業省編 (2005)「大学発ベンチャーに関する基礎調査報告書」．
経済産業省編 (2006)「大学発ベンチャーの成長支援に関する調査報告書」．

経済産業省編（2008a）「ベンチャー企業の創出・成長に関する研究会最終報告書」．
経済産業省編（2008b）「日本のベンチャー企業」．
今井賢一監修（1998）『ベンチャーズインフラ』NTT 出版．
山田仁一郎（2006）「不確実性対処としての企業家チームの正当化活動」『JAPAN VENTURES REVIEW』8，23-32 頁．
経済産業省産業構造審議会産業技術分科会産学連携推進小委員会編（2006）「産学連携の現状と今後の取組」．
松田修一（1998）『ベンチャー企業』日本経済新聞社．
新藤晴臣（2003）「ベンチャー企業の成長・発展とビジネスモデル」『JAPAN VENTURES REVIEW』4，77-86 頁．
新藤晴臣（2005）「大学発ベンチャーにおける起業家活動」『企業家研究』2，49-58 頁．
新藤晴臣（2006）「研究機関発ベンチャーの創造プロセス」『JAPAN VENTURES REVIEW』7，13-22 頁．
新藤晴臣・露木恵美子・辻本将晴（2006）「アンジェス MG アカデミック・アントレプレナーシップによる事業創造」『一橋ビジネスレビュー』54(1)，128-144 頁．
秦信行・東出浩教（2000）「ベンチャーファイナンスの現状と VC の役割」松田修一監修・早稲田大学アントレプレヌール研究会編『ベンチャー企業の経営と支援』日本経済新聞社，136-166 頁．
清成忠男（1995）「地域と企業間組織 ── 工業集積を中心に」『組織科学』29(2)，4-14 頁．
清成忠男（1996）『ベンチャー・中小企業優位の時代─新産業を創出する企業家資本主義』東洋経済新報社．
清成忠男・橋本寿朗（1997）『日本型産業集積の未来像』日本経済新聞社．
清成忠男・中村秀一郎・平尾光司（1971）『ベンチャービジネス 頭脳を売る小さな大企業』日本経済新聞社．
西澤昭夫（2005）「Cloning Silicon Valley 政策と大学発ベンチャー企業支援」西澤昭夫・福嶋路編著『大学発ベンチャー企業とクラスター戦略』学文社，12-37 頁．
西澤昭夫・福嶋路編著（2005）『大学発ベンチャー企業とクラスター戦略』学文社．
石川雅敏（2007）「ジェネンテック社におけるイノベーションのダイナミクス」『研究技術計画』22 (3/4)，212-219 頁．
知的財産基本法（平成 14 年法律第 122 号）．
知的財産戦略会議編（2002）「知的財産戦略大綱」．
筑波大学産学リエゾン共同研究センター編（2003）「大学等発ベンチャーの課題と推進方策に関する調査研究」．
筑波大学産学リエゾン共同研究センター編（2004）「大学等発ベンチャーの課題と推進方策に関する調査研究」．
筑波大学産学リエゾン共同研究センター編（2005）「大学等発ベンチャーの課題と推進方策

に関する調査研究」.
筑波大学産学リエゾン共同研究センター編 (2006)「大学等発ベンチャーの課題と推進方策に関する調査研究」.
筑波大学産学先端学際領域研究センター編 (2001)「大学等発ベンチャーの現状と課題に関する調査研究」.
筑波大学産学先端学際領域研究センター編 (2002)「大学等発ベンチャーの現状と推進方策に関する調査研究」.
筑波大学先端学際領域センター (2001)「大学等発ベンチャーの現状と課題に関する調査研究」.
筑波大学先端学際領域センター (2002)「大学等発ベンチャーの現状と推進方策に関する調査研究」.
中小企業整備基盤機構のウェブサイト, http://www.smrj.go.jp/shinrenkei/index.html
中小企業総合事業団編 (2002)「ビジネスエンジェルの実態調査報告書」.
特許庁編 (2002)「ナノテクノロジーの応用に関する特許出願技術動向調査」.
奈良先端科学技術大学院大学編 (2006)「研究開発型ベンチャーと支援専門家との戦略提携 ―研究事業ワーキングペーパー集」奈良先端科学技術大学院大学.
内閣府編 (2008)「平成20年度年次経済財政報告」.
内閣府編 (2009)「平成21年度年次経済財政報告」.
日経産業新聞, 2004年2月24日付記事.
日本経済新聞社編 (2003)『大学発ベンチャーガイドブック』日本経済新聞社.
日本経済新聞社編 (2005)『日経ベンチャービジネス大学発ベンチャーガイドブック (2005-2006年版)』日本経済新聞社.
日本半導体ベンチャー協会編 (2006)『日本半導体/FPDベンチャー年鑑 (2006年度版)』日本半導体ベンチャー協会.
文部科学省編 (2002a)「知的クラスター創成事業について」.
文部科学省編 (2002b)「知的クラスター創成事業の具体的推進方策について」.
文部科学省編 (2002c)「知的クラスター創成事業の具体的推進方策について 参考資料」.
濱田康行・桐畑哲也・片川真実 (2007)「我が国ベンチャーキャピタルの投資実態」ワーキングペーパー, 55, 京都大学大学院経済学研究科.
濱田康行・澤邉紀生・桐畑哲也・片川真実・宮宇地俊岳 (2007)「機関投資家のプライベート・エクイティー投資 ── 日本の実態と国際比較」ワーキングペーパー, 58, 京都大学大学院経済学研究科.

あとがき

　著者は，ヨーロッパにおける大学発ベンチャーの"メッカ"ともいえるイギリス，ケンブリッジにおいて，この原稿を書いている．先日，テクノロジーアントレプレナーシップに関するケンブリッジ大学の学生団体"Cambridge University Technology and Enterprise Club"が主催する"International Networking Event"に招待を受け，その熱気を肌で感じることができた．学生自身が，自主的に，マイクロソフト，グーグルなどの研究開発担当者，TTPなどのベンチャー，ベンチャーキャピタル，エンジェルなどを訪ね歩き，スピーカーを招へいし，イベントを成功裏に導いたと，Clubのリーダー学生に聞き，感銘を受けた．リーマンショックによる金融危機以降，BBCなどで，連日，イギリス経済の厳しさが伝えられているが，こうした学生パワーは，将来のイギリス経済を担うものと確信した．

　著者は，日本経済が，金融危機の真っ直中にあった90年代後半，日本放送協会（NHK）の記者として取材する中で，「閉塞状態にある日本経済の突破口となるのはアントレプレナーシップである」と痛感した．記者としての"現場"取材経験をもとに，アントレプレナーシップを科学的に分析し，アントレプレナーに"実務に使える知識"を提供することができればと，研究者を志した．

　2005年には，三菱総合研究所の研究員から，奈良先端科学技術大学院大学へ出向する機会を与えられ，研究だけではなく，教育，さらには，アントレプレナーに対する支援実務を経験する機会を得た．同大学では，大学発ベンチャー支援，技術経営，産学連携プロジェクトなどを担当した．インキュベーション施設の新設にも関わることができた．

　教育面では，担当講義「新技術ベンチャー論」の受講生が，講義で学んだことをもとに，ビジネスプランコンテストで，数多くの成果を上げてくれた．2006年度は，第8回キャンパスベンチャーグランプリ大阪「ビジネス大賞」「近畿経済産業局長賞」，社団法人関西ニュービジネス協議会NBKフェスタ21「近畿経済産業局長賞」「優秀賞」．2007年度は，社団法人関西ニュービ

ジネス協議会 NBK フェスタ 21「学生ニュービジネス大賞」「近畿経済産業局長賞」，第 9 回キャンパスベンチャーグランプリ大阪「テクノロジー大賞」「優秀賞（情報通信部門）」「佳作（新技術部門）」「佳作（ニュービジネス部門）」。2008 年度は，社団法人関西ニュービジネス協議会 NBK フェスタ 21「学生ニュービジネス大賞」，第 10 回キャンパスベンチャーグランプリ大阪「優秀賞（情報通信部門）」「奨励賞」。2007 年には，京都大学経営管理大学院に職場を移したが，担当講義「知財ベンチャー論」の受講生も，社団法人関西ニュービジネス協議会「近畿経済産業局長賞」を受賞してくれた。

　ビジネスプランコンテストで入賞した受講生も，卒業後すぐに起業するのではなく，その多くは就職している。しかしながら，いわゆる大手企業ではなく，ベンチャー企業へ就職する割合が多い。彼らの多くは，やがて起業したいという熱い思いを持ってくれている。中には，働きながら通信教育で経営学を学び，時折，メールをくれるものもいる。

　少数ではあるが，事業にまい進している大学発ベンチャー起業家もいる。ベンチャーキャピタルから数千万円の出資を受けて，上場に向けて頑張っている起業家。有望がゆえに，ベンチャーキャピタルからの出資の申し出があるのだが，経営に口を出してほしくないとして，頑として受け入れない起業家。また，学生仲間で創業したものの，仲が悪くなり，けんか別れして，解散の瀬戸際までいきながらも，踏ん張っている大学発ベンチャーもいる。彼らが，将来の日本経済を担ってくれると期待している。

　本書は，これまでの研究活動に加えて，大学発ベンチャーを起業したいという学生達に対する，"会社の立ち上げ"，"営業資料の作成"，"ベンチャーキャピタルからの出資の受入れ" など，様々な支援の実務経験，講義における，起業への熱い志を持つ学生との議論，やりとりが，きっかけとなっている。彼らが，より可能性高く，より効果的かつ効率的に，起業の道を志すには，大学発ベンチャーの現状と課題に関する知識が必要であろう，との思いが，本書出版の背景にある。

　本書は，これから起業家として大学発ベンチャーを創業しようとしている方々をはじめ，大学発ベンチャー経営者の方々，大学発ベンチャー育成を支援している実務家や研究機関の担当者らにも，是非，読んでいただきたい。

あとがき

　本書が，何らかの示唆を与え，大学発ベンチャー創出，及び，その経営の改善に少しでも貢献することになれば，望外の幸せである。

　本書は，京都大学経営管理大学院関西経済経営論（関西アーバン銀行）講座における研究成果としてまとめたものであり，同講座から，出版助成を頂いた。まず，講座の関係者各位に，深感申し上げたい。また，京都大学学術出版会の斎藤至氏から多くの有益なコメントを頂いた。氏の編集者としての能力に敬意を払いつつ感謝を申し上げる。最後に，父が原稿と格闘し始めると，近寄ることのなかった長男・一也，そして，妻・元美の理解と協力がなければ，本書が完成することはなかった。この場を借りて感謝したい。

2010年3月

桐畑　哲也

索　引

[A-Z]

ATP（Advanced Technology Program）92
Cloning Silicon Valley 政策 15, 50, 52
Global Entrepreneurship Monitor 34
M&A 94
OECD（Organisation for Economic Co-operation and Development：経済協力開発機構）28-32, 34, 88
SBIR（Small Business Innovation Research）48, 50, 51, 92
S 曲線 26, 27
TLO（技術移転機関）10, 48, 50, 90, 124

[あ行]

アーリーアダプター（Early Adopters）83-85, 100, 145
アーリーマジョリティ（Early Majority）84, 86, 100, 145
アップル（Apple）40
アムジェン（Amgen）1, 2, 40
アメリカンリサーチアンドディベロップメント（American Research and Development）38
アンジェス MG 44-47, 58, 97, 132
アンディ・ベクトルシャイム（Andy Bechtolsheim）89
アントレプレナー（Entrepreneur）9, 34, 178
アントレプレナーシップ（Entrepreneurship）9, 18, 90, 123, 173
イノベーション 4-7, 16, 17, 21-32, 34, 36, 83, 85, 88, 120-123, 132, 139
イノベーションリスク 4, 25, 28, 34, 122, 139, 152
インキュベータ 9, 52, 72
インクトゥミ（Inktomi）37, 39
ウィリアム・ヒューレット（William Hewlett）38
エンジェルネットワーク 32, 94, 129
エンジェル税制 33, 93, 101, 146
エンジェル投資家 4, 8, 18, 33, 88-93, 101, 113, 117, 131, 141, 146, 148, 150
オートノミー（Autonomy）42, 123
オラクル（Oracle）40
オンコセラピー・サイエンス 44, 45, 58

[か行]

カーボンナノチューブ 22, 25, 27
科学技術イノベーションシステム 5-7, 21, 28, 30, 32, 34, 36, 139, 141, 142, 152, 153
株式公開 3, 5, 7, 18, 32, 44, 46, 48, 54-58, 69, 69, 74, 75, 80, 81, 87, 93, 94, 119, 127, 132, 136, 142-145, 147, 150
関係ネットワーク資産 13, 19
起業活動率 35
技術知識 106, 108, 116, 126, 138, 147
技術の不連続期 26, 27
技術移転 9-13, 21, 42, 48, 49-52, 59, 69, 90, 92, 98, 110, 122-124, 129, 133, 135, 144
技術標準 27
キャズム（Chasm）83-85, 100, 127, 135, 145, 147
キャピタルゲイン 16
競争優位 13, 14, 19, 23
共同研究 10, 50-53, 59, 64-66, 69, 71, 72, 92, 144
緊密度 6, 103-106, 116, 124-126, 131, 138
クアルコム（Qualcomm）37, 39, 40, 53, 142
グーグル（Google）1, 2, 32, 37, 40, 54, 58, 86, 89, 91, 100, 145, 153
クライナー，パーキンスコーフィールドアンドバイヤーズ（Kleiner Perkins Caufield & Byers）97
経営課題 4, 5, 8, 62-69, 79, 83, 95, 100, 119, 145
経営資源の制約 4, 25, 26, 28, 36, 141, 152
ケネス・オールソン（Kenneth Olson）38
研究開発型ベンチャー 25, 49
ケンブリッジエンタープライズ（Cambridge Enterprise Limited）90, 122, 129
コーエン・ボイヤーパテンツ（Cohen-Boyer patents）38

177

公認会計士・会計事務所 4, 18, 53, 104, 106, 109, 112, 140
顧客・販路 4-6, 8, 67, 68, 71, 80, 85, 100, 119, 122, 124, 133, 143-145, 148, 151
コリン・ベサント（Colin Besant）43
コンパック（Compaq）38

[さ行]

最高営業責任者（Chief Sales Officer: CSO）78, 79, 99, 109-112, 145
最高技術責任者（Chief Technology Officer: CTO）78, 79, 95, 110-112, 145
最高経営責任者（Chief Executive Officer: CEO）78, 79, 95-98, 108, 110, 112, 135, 136, 145, 146, 151
最高財務責任者（Chief Financial Officer: CFO）78, 79, 95, 109-111, 136, 145
産業連携施策 3, 42, 48, 54, 142
産業クラスター計画 48-50
産業活力再生特別措置法 48, 50
産業構造アプローチ 13
サンマイクロシステムズ（Sun Microsystems）37, 86, 89, 101, 145
ジェネンテック（Genentech）2, 32, 37-39, 86, 97, 101, 147, 153
時価総額 37, 40, 54, 58, 142
資源ベースアプローチ 13, 14
市場・顧客 5, 69, 70, 86, 106-108, 116, 124, 137, 144, 147-149
市場・顧客知識 106, 108, 116, 125, 147
シスコシステムズ（Cisco Systems）2, 37, 40, 54, 142
受託研究 59, 61, 69, 144
情報の非対称性問題 128, 131, 139, 149, 150
シリコングラフィックス（Silicon Graphics）2, 37
シリコンバレー 14-17, 52, 88, 90, 120, 123, 124, 129, 135, 136
新マーケット志向，製品イノベーション 29-32, 34, 36, 141, 142
新規開業率 34
信頼関係 6, 103-105, 116-118, 124-131, 138, 139, 147-150
スタンレー・コーエン（Stanley Cohen）38
スティーブンソン・ワイドラー技術革新法 52
スピンオフ 17
スピンアウト 9, 39, 43, 90
セルゲイ・ブリン（Sergey Brin）37, 89
潜在性 2, 4, 7, 21, 24, 28, 32, 36, 87, 90, 131, 152
先端科学技術 2, 3, 25, 28, 97, 154
セントジョーンズイノベーションセンター（St. John's Innovation Center）121, 122
セントジョーンズカレッジ（St.John's College）122, 123
相互補完的経営陣 95, 150
ソーシャルキャピタル（Social Capital）119-122

[た行]

ターボパワーシステムズ（Turbo Power Systems）43
対 GDP 比国内研究開発費支出 29, 30
対 GDP 比民間企業研究開発費支出 29
第 1 の経済（Economy One）16
第 2 の経済（Economy Two）16, 17
大学技術マネジャー協会（AUTM: Association of University Technology Managers）42
大学発ベンチャー・産学連携促進施策 49, 59
地域振興施策 3, 46, 55, 143
知的クラスター創成事業 48-50
知的財産基本法 2
中小企業技術革新制度（日本版 SBIR）48, 50
テクノポリスの輪（Technopolis Wheel）17
デジタルイクイップメント（Digital Equipment Corporation）37-39
デスバレー（The Valley of Death）現象 87, 90-93, 127, 150
デビッド・パッカード（David Packard）38
投資資金 26, 87, 91-94
特許ロイヤリティ 18
特許権実施 59, 62
ドミナントデザイン 27
トランスジェニック 44, 46, 58

[な行]

ナノキャリア 44-46, 58
ナノバイオテクノロジー 22
日米欧特許 29-30

ネットスケープ（Netscape）37, 39
燃料電池 22, 23

[は行]

バーチャル経営陣 4
ハーバート・ボイヤー（Herbert Boyer）38
バイ・ドール法 40, 49, 52, 54, 142
バイアウト 33
バイオジェン（Biogen）2, 37, 39
ハイテククラスター 119
ハイテクスタートアップス 12-18, 25-27, 40, 52, 64, 87, 88, 90, 91, 94, 101, 135, 141, 146, 150
非技術イノベーション 29-31, 36, 141
ビジネス経験 5, 69, 77-81, 95-97, 99, 101, 133, 135, 137, 144-146, 151
ヒューレット・パッカード（Hewlett-Packard）37-40, 54, 142
平沼プラン 3, 7, 48, 50
ファイナンシャルリスク 5, 25, 26, 28, 36, 91, 141, 152
フォーチュン 500 17
不確実性 1-7, 15, 21, 24-28, 36, 87, 128, 141, 152, 153
付加価値 2, 4
フラーレン 22, 24, 26
弁護士・法律事務所 4, 8, 18, 53, 55, 99, 136, 139
弁理士・特許事務所 4, 8, 18, 53, 55, 99, 122, 139
ベンチャーキャピタル 29, 32, 33, 38, 91-95, 101, 113-115, 117, 120, 128, 131, 148, 174
ベンチャービジネス 10, 12, 130
ベンチャーファイナンス 30, 32, 34, 36, 141, 142

[ま行]

マイク・リンチ（Mike Lynch）42
マイクロソフト（Microsoft）1, 40, 173
メディネット 44, 47, 58

[や行]

ユーシカゴテック（UChicagoTech）90
ユニバーシティスピンオフ 17

[ら行]

ライセンシング 11, 21, 22, 90
ライフサイクル 2, 63, 97
ラガード（Laggards）84
ラリー・ペイジ（Larry Page）37, 89
リサーチユニバーシティ 90, 122, 124, 135
利益相反ポリシー 99
利益相反問題 99
リスク 12, 119, 131, 136, 154, 155
リスクキャピタル 113, 118, 148
ルート 128 15, 52, 88
レイターマジョリティ（Later Majority）84-86, 100, 145
ロバート・スワンソン（Robert A. Swanson）97

［著者紹介］

桐畑　哲也（きりはた　てつや）

甲南大学マネジメント創造学部准教授，京都大学経営管理大学院関西経済経営論（関西アーバン銀行）講座客員准教授，奈良先端科学技術大学院大学知的財産本部客員准教授．
京都大学大学院経済学研究科博士後期課程修了（経済学博士），日本放送協会（NHK）記者，株式会社三菱総合研究所研究員，奈良先端科学技術大学院大学先端科学技術研究調査センター准教授などを経て現職．
主な著書・論文に，「大学発ベンチャー育成とベンチャーキャピタル」（『三菱総合研究所所報』42, 2003 年），『ナノテク革命を勝ち抜く』（編著，講談社，2005 年），「新技術ベンチャー創出とベンチャーキャピタルの投資後活動」（『JAPAN VENTURES REVIEW』7, 2006 年），"The Commercialization Process of New Technology Based Firms in Japan"（*Kyoto Economic Review*, 76(2), 2007），"The Challenges and Issues with Nanotechnology at the Product Development Stage"（*Journal of Intellectual Property*, 5(2), 2008），"Post-Investment Activities of Venture Capitalists When Making Investments in New Technology-Based Firms in Japan"（*Kyoto Economic Review*, 78(1), 2009）など．

桐畑哲也研究室ホームページ：http://kirihata.web.officelive.com
メールアドレス：tetsuyakirihata@gmail.com

日本の大学発ベンチャー――転換点を迎えた産官学のイノベーション
Ⓒ T. Kirihata 2010

2010 年 6 月 20 日　初版第一刷発行

著　者	桐　畑　哲　也
発行人	加　藤　重　樹

発行所　京都大学学術出版会
京都市左京区吉田河原町 15-9
京 大 会 館 内（〒606 - 8305）
電　話（075）761 - 6182
FAX（075）761 - 6190
URL　http://www.kyoto-up.or.jp
振　替　01000 - 8 - 64677

ISBN 978-4-87698-966-9
Printed in Japan

印刷・製本　㈱クイックス
定価はカバーに表示してあります